Prozeßrechtlicher Schutz der Kriegszeit.

Ein Kommentar

zum Gesetz, betreffend den Schutz der infolge des Krieges an Wahrnehmung ihrer Rechte behinderten Personen, vom 4. August 1914,

nebst Erörterungen zu den einschlägigen Notverordnungen.

Von

Dr. J. Sieskind,

Landrichter a. D.

Zweite vermehrte Auflage.

Berlin 1914.

J. Guttentag, Verlagsbuchhandlung,

G. m. b. H.

Vorwort zur ersten Auflage.

Kraftvoll und unerschütterlich steht das Gefüge des Rechtsstaats. Der Völkerkampf entbrennt und reißt alles mit sich fort. Unbeirrt, mit bewunderungswürdiger Ruhe und Sicherheit geht die Rechtsordnung ihren Weg und nimmt, gleichsam auf alles gefaßt, mit erstaunlicher Schnelligkeit all die so plötzlich mit Gewalt veränderten Verhältnisse des Lebens in ihre fürsorgende Obhut. Die letzte Friedensarbeit!

Mehr als alles andere drängt sich die Frage nach der Verwirklichung des Rechts auf. Deshalb habe ich aus der großen Zahl der Gesetze, die der Ausbruch des Krieges gezeitigt hat, und die als „Kriegs-Zivil- und Finanzgesetze" in der Guttentagschen Sammlung erschienen sind, das auf den Schutz des Prozeßrechts zielende Gesetz herausgegriffen: Das Gesetz vom 4. August 1914, betreffend den Schutz der infolge des Krieges an Wahrnehmung ihrer Rechte behinderten Personen. Naturgemäß haben hierbei auch die Schutzmaßregeln mehr materieller Natur Berücksichtigung finden müssen, die der Bundesrat auf Grund seiner allgemeinen Ermächtigung nach dem Gesetze vom 4. August 1914 (RGBl. S. 327) getroffen hat. Wenn die Erörterungen nicht jeder Frage gerecht werden sollten, so mag dies durch die gebotene Eile erklärt werden. Auch hier darf es heißen: bis dat qui cito dat.

Charlottenburg, im August 1914.

Vorwort zur zweiten Auflage.

Die freundliche Aufnahme dieses bescheidenen Hilfsmittels hat mich veranlaßt, dem Werke durch eine weitere Durcharbeitung und Ergänzung die Brauchbarkeit zu erhöhen; die zu den Notverordnungen beigegebenen sachlichen Erläuterungen, die angesichts der beschleunigten Herstellung der ersten Auflage unterbleiben mußten, werden sicherlich einem Bedürfnisse entsprechen. Literatur und Rechtsprechung der Zwischenzeit sind nach Möglichkeit berücksichtigt. Bei der Fülle des Stoffes sind Versehen und Irrtümer unvermeidlich. Jede Berichtigung oder sonstige Mitteilung werde ich mit aufrichtigem Danke entgegennehmen.

Charlottenburg, den 22. Oktober 1914.

Der Verfasser.

Inhaltsverzeichnis.

Seite

Vorbemerkung 9

I. **Gesetz, betreffend den Schutz der infolge des Krieges an Wahrnehmung ihrer Rechte behinderten Personen.** Vom 4. August 1914 (RGBl. S. 328) . . . 11

§ 1. Zeitliche Geltung 11
§ 2. Unterbrechung des Verfahrens 12
§ 3. Ausnahmen von der Unterbrechung 28
§ 4. Beendigung der Unterbrechung 30
§ 5. Beschränkungen der Zwangsvollstreckung 31
§ 6. Das Konkursverfahren 41
§ 7. Besondere Regelung der Beteiligung als Gläubiger usw. 46
§ 8. Hemmung der Verjährung 50
§ 9. Verhinderung des gesetzlichen Vertreters 52
§ 10. Verfahren vor besonderen Gerichten 54
§ 11. Ende des Kriegszustandes 55
§ 12. Inkrafttreten 55

Bekanntmachung über die Ausdehnung des Gesetzes, betreffend den Schutz der infolge des Krieges an Wahrnehmung ihrer Rechte behinderten Personen, vom 4. August 1914 (Reichs-Gesetzbl. S. 328), auf Kriegsbeteiligte Österreich-Ungarns. Vom 22. Oktober 1914 56

II. Gesetz über die Ermächtigung des Bundesrats zu wirtschaftlichen Maßnahmen und über die Verlängerung der Fristen des Wechsel- und Scheckrechts im Falle kriegerischer Ereignisse. Vom 4. August 1914 (RGBl. S. 327) 58

Seite

Bekanntmachung, betreffend Verlängerung der Fristen des Wechsel- und Scheckrechts. Vom 6. August 1914 . 60

Bekanntmachung, betreffend die Verlängerung der Fristen für wechsel- und scheckrechtliche Handlungen. Vom 7. August 1914 62

Bekanntmachung, betreffend weitere Verlängerung der Fristen des Wechsel- u. Scheckrechts. Vom 29. August 1914 63

Bekanntmachung, betreffend weitere Verlängerung der wechselrechtlichen Fristen für Domizilwechsel, die im Stadtkreis Danzig zahlbar sind. Vom 8. September 1914 64

Bekanntmachung, betreffend weitere Verlängerung der Fristen des Wechsel- und Scheckrechts für Elsaß-Lothringen, Ostpreußen usw. Vom 24. September 1914 . . 64

Bekanntmachung, betreffend weitere Verlängerung der Fristen des Wechsel- und Scheckrechts für Elsaß-Lothringen, Ostpreußen usw. Vom 22. Oktober 1914 . . . 65

Bekanntmachung über die Fälligkeit im Ausland ausgestellter Wechsel. Vom 10. August 1914 66

Bekanntmachung, betreffend Auslandswechsel. Vom 12. August 1914 68

Bekanntmachung über die Fälligkeit im Ausland ausgestellter Wechsel. Vom 22. Oktober 1914 69

Bekanntmachung über die Geltendmachung von Ansprüchen von Personen, die im Ausland ihren Wohnsitz haben. Vom 7. August 1914 70

Bekanntmachung über die Geltendmachung von Ansprüchen von Personen, die im Ausland ihren Wohnsitz haben. Vom 22. Oktober 1914 72

Bekanntmachung über die gerichtliche Bewilligung von Zahlungsfristen. Vom 7. August 1914 73

Bekanntmachung über die Folgen der nicht rechtzeitigen Zahlung einer Geldforderung. Vom 18. August 1914 . 84

Bekanntmachung über das Mindestgebot bei der Versteigerung gepfändeter Sachen. Vom 8. Oktober 1914 90

Seite

Bekanntmachung, betreffend die Anordnung einer Geschäftsaufsicht zur Abwendung des Konkursverfahrens. Vom 8. August 1914 94

Bekanntmachung, betreffend die zeitweilige Außerkraftsetzung einzelner Vorschriften des Handelsgesetzbuches usw. Vom 8. August 1914 100

Bekanntmachung, betreffend das vorzeitige Inkrafttreten einer Vorschrift aus dem Gesetze vom 10. Juni 1914 zur Änderung der §§ 74, 75 usw. des Handelsgesetzbuchs. Vom 10. September 1914 101

Bekanntmachung über die Ladung zur Gesellschafterversammlung einer Gesellschaft mit beschränkter Haftung. Vom 8. Oktober 1914 102

Bekanntmachung, betreffend vorübergehende Erleichterungen auf dem Gebiete des Patent-, Gebrauchsmuster- und Warenzeichenrechts. Vom 10. September 1914 103

Bekanntmachung, betreffend Erleichterungen auf dem Gebiete des Patent-Gebrauchsmuster- und Warenzeichenrechts in ausländischen Staaten. Vom 21. Oktober 1914 . . . 105

Bekanntmachung, betreffend die Überwachung ausländischer Unternehmungen. Vom 4. September 1914 105

Bekanntmachung, betreffend die Überwachung ausländischer Unternehmungen. Vom 22. Oktober 1914 111

Bekanntmachung über die Unverbindlichkeit gewisser Zahlungsvereinbarungen. Vom 28. September 1914 . . 113

Bekanntmachung, betreffend Zahlungsverbot gegen England. Vom 30. September 1914 114

Bekanntmachung, betreffend Zulassung gewisser Zahlungen an England. Vom 13. Oktober 1914 124

Bekanntmachung, betreffend Zahlungsverbot gegen Frankreich. Vom 20. Oktober 1914 124

Bekanntmachung, betreffend Zahlungsverbot gegen Rußland. Vom 19. November 1914 126

Seite

III. Verfügungen des Justizministers.

Allgemeine Verfügung vom 5. August 1914 über die Einziehung von Kosten und anderen, dem Staate gebührenden Geldbeträgen 127

Allgemeine Verfügung vom 5. August 1914, — betreffend die Anberaumung von Versteigerungsterminen in dem Verfahren der Versteigerung von Gegenständen, welche der Zwangsvollstreckung in das unbewegliche Vermögen unterliegen 128

Allgemeine Verfügung vom 13. August 1914 über die gerichtliche Bewilligung von Zahlungsfristen und über die Anordnung einer Geschäftsaufsicht zur Abwendung des Konkursverfahrens 129

Allgemeine Verfügung vom 13. August 1914 über die Förderung von Abschlags- und Schlußverteilungen im Konkursverfahren 133

Allgemeine Verfügung vom 20. August 1914 über die Ernennung von Konkursverwaltern neben den zum Heere eingezogenen bisherigen Konkursverwaltern und über die Berufung von Gläubigerversammlungen zur Ergänzung der aus Anlaß des Krieges beschlußunfähig gewordenen Gläubigerausschüsse 134

Allgemeine Verfügung vom 2. September 1914, betreffend Zustellungen und Zwangsvollstreckungen während des Krieges, insbesondere in Angelegenheiten der aktiven Militär- und Marinepersonen 135

Allgemeine Verfügung vom 26. September 1914, betreffend das Gerichtsvollzieherwesen 137

Allgemeine Verfügung vom 22. Oktober 1914 zur Ausführung der Bekanntmachung des Bundesrats, betreffend die Überwachung ausländischer Unternehmungen, vom 22. Oktober 1914 138

Allgemeine Verfügung vom 3. November 1914, betreffend die Bestellung von Zwangsverwaltern 138

Sachregister 140

Vorbemerkung.

Nach dem Vorbilde des Gesetzes vom 21. Juni 1870 (Bundesgesetzbl. S. 493 ff.), betreffend die zugunsten der Militärpersonen eintretende Einstellung des Zivilprozeßverfahrens hat auch das vorliegende Gesetz für die Dauer des gegenwärtigen Kriegszustandes besondere Maßregeln zum Schutz derjenigen Personen getroffen, welche infolge ihrer Beteiligung an dem ausgebrochenen Kriege an der Wahrnehmung ihrer Rechte gehindert sind. Der Schutz richtet sich im Wesentlichen gegen prozessuale Nachteile, welche den zum Kriegsdienst Einberufenen erwachsen können. Enthält zwar auch die ZPO. selbst einige Schutzvorschriften in den §§ 247 und 850 Abs. 1 Nr. 6, so bieten sie doch bei weitem keine ausreichende Sicherheit. Das Gesetz strebt daher an, in umfassender Weise die zur mobilen Truppe gehörigen Personen vor prozessualen Schädigungen zu bewahren, indem es in erster Reihe die Unterbrechung des Verfahrens (§ 2) und eine Einschränkung der Zwangsvollstreckung (§ 5) anordnet, und indem es weiter gegen den Ausschluß von Rechten im Konkurs-, Aufgebots-, Verteilungs-, Zwangsversteigerungs- und Zwangsverwaltungsverfahren (§ 7), sowie gegen den Ablauf der Verjährung (§ 8) weitgehenden Schutz gewährt.

Der Schutz wird lediglich natürlichen Personen gewährt, nicht aber juristischen Personen, deren Vertretung in Händen von Kriegseinberufenen ruht; es liegt hier nicht ein redaktionelles Versehen vor, der Ausschluß ist vielmehr beabsichtigt. Vgl. Näheres bei Bem. II, 1 zu § 2 und Bem. I zu § 9.

Die Bestimmungen des Gesetzes stehen in ihrer Wirkung einem Moratorium für die begünstigten Personen gleich. Gleichwohl können gegen die Kriegsteilnehmer, da das Gesetz, abgesehen von § 7 Nr. 1 und § 8, in ihre materielle Rechtslage nicht eingreift, ein Schadensersatzanspruch oder ein sonstiger Anspruch wegen Nichterfüllung oder nicht rechtzeitiger Erfüllung entstehen, und es können auch die Rechtsfolgen einer Mahnung, einer Kündigung, eines Rücktritts vom Vertrag, einer Wandlung, einer Anfechtung und dergleichen auch während des Krieges eintreten, sofern nicht das Vorliegen höherer Gewalt hindernd entgegensteht. (Güthe in JMBl. 14 S. 743). Zur Abwendung derartiger Nachteile sind ganz allgemein auch für Nichtmilitärpersonen und juristische Personen bedeutende Vergünstigungen geschaffen durch das Gesetz über die Ermächtigung des Bundesrats zu wirtschaftlichen Maßnahmen usw. vom 4. August 1914 (RGBl. S. 327) und durch die Verordnungen des Bundesrats vom 7. August 1914 über die gerichtliche Bewilligung von Zahlungsfristen (RGBl. S. 359) und vom 18. August 1914 über die Folgen der nicht rechtzeitigen Zahlung einer Geldforderung (RGBl. S. 377). Daneben kommen verschiedene andere Verordnungen, insbesondere auf dem Gebiete des Wechsel- und Scheckrechts, und vor allem die Verordnungen vom 8. August 1914, betreffend die Anordnung einer Geschäftsaufsicht zur Abwendung eines Konkursverfahrens und betreffend die zeitweilige Außerkraftsetzung einzelner Vorschriften des Handelsgesetzbuchs usw., in größerem Maße allgemein den Interessen der Schuldner entgegen. Dagegen ist die Geltendmachung von Ansprüchen von Personen, die im Ausland ihren Wohnsitz haben, sowie von juristischen Personen, die im Ausland ihren Sitz haben, durch Bundesratsverordnungen vom 7. 8. 14/22. 10. 14 (RGBl. S. 360 u. 449) bis zum 31. Januar 1915 schlechthin sistiert.

I.

Gesetz,

betreffend den Schutz der infolge des Krieges an Wahrnehmung ihrer Rechte behinderten Personen.

Vom 4. August 1914 (RGBl. S. 328).

Wir Wilhelm, von Gottes Gnaden Deutscher Kaiser, König von Preußen ꝛc.

verordnen im Namen des Reichs, nach erfolgter Zustimmung des Bundesrats und des Reichstags, was folgt:

§ 1.

Für den gegenwärtigen Kriegszustand gelten die in den §§ 2 bis 10 enthaltenen Vorschriften.

Der vorliegende Paragraph regelt die zeitliche Geltung des Gesetzes.

Die Vorschriften greifen für die Dauer des „gegenwärtigen Kriegszustandes" Platz. Mit der Bezeichnung „gegenwärtig" sieht das Gesetz den Beginn des Kriegszustandes und zwar für das gesamte Reichsgebiet, einschließlich Bayern als eingetreten und feststehend an, so daß nach dieser Richtung sich jede weitere Feststellung erübrigt; wegen der Erklärung des Kriegszustandes vgl. im übrigen Verordnung vom 31. Juli 1914 (RGBl. S. 263). Das Gesetz ist nach § 12 mit der Verkündung, also am 4. August 1914 in Kraft getreten. Seine Wirksamkeit erstreckt sich bis zur Beendigung des Kriegszustandes; das Ende ist nicht der Friedensschluß oder die völlige Demobilmachung, sondern wird durch Kaiserliche Verordnung bestimmt (vgl. § 11).

§ 2.

In bürgerlichen Rechtsstreitigkeiten, welche bei den ordentlichen Gerichten anhängig sind oder anhängig werden, wird das Verfahren unterbrochen:

1. wenn eine Partei vermöge ihres Dienstverhältnisses, Amtes oder Berufs zu den mobilen oder gegen den Feind verwendeten Teilen der Land- oder Seemacht oder zu der Besatzung einer armierten oder in der Armierung begriffenen Festung gehört;
2. wenn eine Partei dienstlich aus Anlaß der Kriegsführung des Reichs sich im Ausland aufhält;
3. wenn eine Partei als Kriegsgefangener oder Geisel sich in der Gewalt des Feindes befindet.

Die vorstehende Bestimmung findet auch Anwendung auf die bürgerlichen Rechtsstreitigkeiten, welche bei den auf Grund des Gewerbegerichtsgesetzes (Reichs-Gesetzbl. 1901 S. 353) zur Entscheidung gewerblicher Streitigkeiten berufenen Gerichten und den auf Grund des Gesetzes vom 6. Juli 1904 (Reichs-Gesetzbl. S. 266) errichteten Kaufmannsgerichten anhängig sind oder anhängig werden.

Der vorliegende Paragraph charakterisiert sich als Sistierungsgesetz; er ordnet die Unterbrechung des Verfahrens an. Er bestimmt den Umfang der Rechtsstreitigkeiten (zu ergänzen durch §§ 3 und 10) und den Kreis der schutzbedürftigen Personen (zu ergänzen durch § 9).

I. Der Umfang der Rechtsstreitigkeiten.

A. Die Unterbrechung (oder Aussetzung nach § 3) wird angeordnet für das Verfahren:

a) vor den ordentlichen Gerichten (§ 2 Abs. 1). Zu ihnen gehören auch die in den Konsulargerichtsbezirken und in den Schutzgebieten bestellten Gerichte, da ihnen vom Reiche die regelmäßige Ausübung der Gerichtsbarkeit für ihre Bezirke übertragen ist (Begr.);

b) vor den Gewerbe- und Kaufmannsgerichten (§ 2 Abs. 2);

c) vor den Sondergerichten des § 14 GVG., jedoch nur sofern nicht das Landesrecht etwas anderes bestimmt (§ 10).

Aus der Zusammenfassung der ordentlichen und der besonderen Gerichte folgert Güthe (JMBl. 14 S. 744), daß nur staatliche Gerichte in Betracht kommen und daher Schiedsgerichte im Sinne der §§ 1025 ff. ZPO. auszunehmen seien (a. M. Hallbauer Recht 14 S. 587). Vielleicht führt aber gerade die grundsätzliche und doch außergewöhnliche Gleichstellung der ordentlichen und besonderen Gerichtsbarkeit für alle „bürgerlichen Rechtsstreitigkeiten" eher zu der gegenteiligen Annahme, daß das Schiedsgericht, weil es nur über ordentliche bürgerliche Rechtsstreitigkeiten (§ 3 EG. ZPO.) zu entscheiden hat und an die Stelle des ordentlichen Gerichts tritt, ebenfalls unter das Gesetz fällt.

B. Betroffen werden die bürgerlichen Rechtsstreitigkeiten, die bei den genannten Gerichten „anhängig sind oder anhängig werden".

Ob es vermögensrechtliche oder nicht vermögensrechtliche Streitigkeiten sind, macht keinen Unterschied; insbesondere kommen nicht nur Geldforderungen in Frage, wie für die Zwangsvollstreckung gemäß § 5 und bei der gerichtlichen Bewilligung von Zahlungsfristen, sowie bei der Beseitigung der Folgen der nicht rechtzeitigen Zahlung einer Geldforderung (Verordnung v. 7. u. 18. Aug. 1914). „Anhängig" ist eine Sache, wenn das Gericht mit ihr befaßt wird; Anhängigkeit ist also nicht gleichbedeutend mit Rechtshängigkeit, sondern geht weiter. Wenn es heißt: „anhängig sind oder anhängig werden", so sollen damit alle Sachen in jedem Stadium des Verfahrens erfaßt werden, mögen sie bereits schweben oder erst eingehen. Da sonach die Unterbrechung schon mit Einreichung eines Gesuches bei Gericht als dem Zeitpunkt des „Anhängigwerdens" eintritt, kann es zu einer Erhebung einer Klage gegen eine Kriegsperson der Ziff. 1 bis 3 § 2 nach Verkündung des Gesetzes nicht mehr kommen; denn die Erhebung der Klage erfolgt erst mit Zustellung (§ 253 ZPO.), nachdem ihre Einreichung bei Gericht bereits vorausgegangen und damit ihre „Anhängigkeit" begründet ist. Dieser weite Begriff der „Anhängigkeit" findet noch eine besondere Stütze im Abs. 2 § 9. Denn, wenn es hier im Satz 1 heißt: „Soll eine solche Person verklagt werden" und im Anschluß hieran Satz 2 „eine bereits bestehende Anhängigkeit eines Rechtsstreits" in Erwägung zieht, so muß die Möglichkeit einer Anhängigkeit schon vor dem „Verklagtsein", also vor der Rechtshängigkeit bestehen. Da nach § 249 Abs. 1 ZPO. infolge der Unterbrechung der Lauf einer jeden Frist aufhört, mithin auch die Einlassungsfrist nicht läuft, so kann auch ein Verhandlungstermin nicht bestimmt werden (§ 216 ZPO.). Damit wird der Vorsitzende zu der oft nicht leichten Prüfung der Frage genötigt, ob der Beklagte zu den im § 2 bezeichneten Personen gehört; in der Regel wird eine Auskunft der Polizei- oder Militärbehörde schnell zu beschaffen sein. Im übrigen führt die Unzulässigkeit der Klageerhebung nicht weiter zu Nachteilen, da ein Urteil einstweilen doch nicht erzielt werden kann, und da außerdem der § 8 gegen den Ablauf der Verjährung und verschiedener Ausschlußfristen sichert. (Im Ergebnis übereinstimmend Kipp DJZ. 14 S. 1026; a. M. Levis Recht 14 S. 546; Hallbauer ebenda S. 580; Güthe JMBl. 14 S. 746; Stein in JW. 1914 S. 804 f., der aber für das Arrestgesuch schon im Zeitpunkt der Einreichung die Glaubhaftmachung erfordert, daß weder der Antragsteller noch der Gegner Kriegsteilnehmer sind; ferner Bekanntmachung des k. b. Justizministeriums vom 18. Aug. 1914 (JMBl. 144), wonach der Richter den Termin zu bestimmen hat ohne Rücksicht darauf, ob der Beklagte zu den Kriegsteilnehmern gehört und erst vor der Entscheidung über den Antrag auf Versäumnisurteil von Amts wegen zu prüfen hat, ob eine Partei nicht Kriegsteilnehmer ist.)

Dagegen ist, wie Kipp a. a. O. zutreffend hervorhebt, die Klageerhebung von seiten einer Kriegsperson nicht unzulässig, da sie nach § 4 Ziff. 2 jederzeit eine Unterbrechung des Verfahrens durch Aufnahme beendigen kann, und solcher Aufnahme des Verfahrens die nach Inkrafttreten des Gesetzes erfolgte Erhebung der Klage gleichzustellen ist.

Die Unterbrechung ergreift alle Arten des Verfahrens, insbesondere Mahnverfahren, Kostenfestsetzungsverfahren, Festsetzung des Streitwerts (OLG. Hamburg DJZ. 14 S. 1307), Beschwerdeverfahren, Eheverfahren, die Anordnung des Arrestes mit der im § 3 Ziff. 1 getroffenen Ausnahme und die einstweilige Verfügung; auch das Beweissicherungsverfahren wird erfaßt (Güthe JMBl. S. 744; auf das Bedenkliche weisen Glaser DJZ. 14 S. 1077 u. Hallbauer Recht 14 S. 584 hin). Dagegen werden nicht betroffen das Zwangsvollstreckungsverfahren und das Konkursverfahren; hierfür ist eine Sonderregelung in den §§ 5 und 6 vorgesehen.

II. Der Kreis der schutzbedürftigen Personen.

1. Der Kreis derjenigen, denen Schutz gewährt wird, ist in den Ziffern 1 bis 3 des § 2 genau festgelegt; er erhält nur noch eine Ergänzung durch § 9. Im übrigen ist diese Abgrenzung nicht nur für die Vorschrift des § 2, sondern auch für die übrigen Bestimmungen des Gesetzes maßgebend.

Der Schutz erstreckt sich nur auf natürliche Personen, die in ein in den Ziffern 1 bis 3 näher umschriebenes Kriegsverhältnis treten, und wird in § 9 auf diejenigen natürlichen Personen ausgedehnt, die prozeßunfähig sind, aber durch eine Kriegsperson gesetzlich vertreten werden. Ausgeschlossen sind mithin alle juristischen Personen, gleichviel welcher Art, und zwar auch dann, wenn der Kriegsdienst sie ihrer sämtlichen gesetzlichen Vertreter beraubt (so auch Kipp DJZ. 14 S. 1025; JW. 14 S. 789; Hallbauer Recht 14 S. 586 u. Güthe JMBl. 14 S. 743, die einen ausreichenden Ersatz in den §§ 29, 86, 48 Abs. 1 BGB., auch für die handelsrechtlichen Gesellschaften, sehen; a. M. nur Lux JW. 14 S. 962). Das gleiche gilt für die offene Handelsgesellschaft, die, wenn auch nicht als juristische Person, so doch als ein nicht natürliches selbständiges Rechtssubjekt anzusprechen ist (§ 124 HGB.). Es kann dieser Ausschluß unter Umständen zu schweren Schädigungen führen; gleichwohl beruht die Ausschließung nicht etwa auf einem aus dem Drange der Verhältnisse zu erklärenden redaktionellen Versehen. Diese Annahme findet eimal im § 9 eine Bestätigung, der von der Erweiterung des Kreises der Schutzbedürftigen handelt und hierbei ausdrücklich nur natürliche prozeßunfähige Personen einbezieht, während es für ihn ebenso nahe gelegen hätte, auch die nichtnatürlichen und ebenfalls prozeßunfähigen Personen sicherzustellen, falls eine solche Regelung erforderlich erschienen wäre. Dann aber unterstützt unsere Ansicht auch der § 3 Ziff. 2, der sogar für natürliche Personen im Falle einer gewählten oder gesetzlichen Vertretung den Schutz ausschließt oder doch einschränkt; daraus folgt, daß bei dem Bestehen einer Vertretung ein besonderes Schutzbedürfnis von dem Gesetz nicht ohne weiteres anerkannt wird.

Gleichwohl kann in vielen Fällen die Notwendigkeit, den Prozeß fortzuführen, angesichts der durch die Kriegseinberufung der gesetzlichen Vertreter geschaffenen Unmöglichkeit, den Prozeß zu bearbeiten, erhebliche wirtschaftliche Schädigungen verursachen. Man hat daher versucht, wenigstens für die offene Handelsgesellschaft einen Ausgleich dahin zu schaffen, daß die Unterbrechung des Verfahrens dann eintrete, wenn sämtliche Gesellschafter oder wenigstens sämtliche vertretungsberechtigte Gesellschafter als Kriegspersonen behindert seien, daß es hingegen zur Unterbrechung nicht genüge, wenn nur einer oder einige der vertretungsberechtigten Gesellschafter zu den Kriegspersonen gehören, es sei denn, daß die zurückbleibenden Gesellschafter nicht allein zu handeln berechtigt seien (vgl. Güthe JMBl. 14 S. 743 u. den dort angezogenen Beschluß des Kammergerichts vom 15. Sept. 1914; ferner JW. 14 S. 789; Kipp DJZ. 14 S. 1026; Hallbauer Recht 14 S. 586;

Lux JW. 14 S. 962 OLG. Hamburg DJZ. 14 S. 1307; a. M. OLG. Hamm DJZ. 14 S. 1216, das die Unterbrechung schon annimmt, wenn auch nur einer von zwei vertretungsberechtigten Gesellschaftern zu den Kriegsteilnehmern gehört; ebenso OLG. Dresden DJZ. 14 S. 1305, das das Verfahren nicht nur gegenüber dem andern, nicht im Felde befindlichen Gesellschafter, sondern auch gegenüber der Gesellschaft aussetzt; vgl. ferner Kammergericht DJZ. 14 S. 1304 u. OLG. Braunschweig ebenda S. 1306); sinngemäß müßte dasselbe für die Gesellschaft des bürgerlichen Rechts und die Kommanditgesellschaft gelten (so Güthe a. a. O. u. Kammergericht DJZ. 14 S. 1213). So beifallswert auch diese Bestrebungen einer Ausdehnung des prozessualen Schutzes erscheinen, so entbehren sie doch einer inneren Berechtigung gegenüber dem Gesetze, das derartige Unterscheidungen nicht kennt, sondern lediglich zwischen natürlichen und anderen Personen eine scharfe Grenze zieht, unter dem Gesichtspunkte, daß die ersten als schwache Einzelwesen durch die kriegerischen Ereignisse besonders hart getroffen werden und daher mehr als die übrigen eines gesteigerten Schutzes ihrer Rechtsstellung bedürfen. In den genannten Fällen wird man daher auf die Bestimmungen der ZPO. zurückgehen müssen; vielleicht bietet der § 228 ZPO. eine Handhabe, der es dem freien Ermessen der Gerichte überläßt, Terminsverlegungen und Vertagungen auch von Amts wegen anzuordnen; allenfalls kommt noch § 247 ZPO. insofern in Betracht, als der Sitz der Verwaltung oder Geschäftsführung an einem Orte ist, der von dem Verkehr mit dem Prozeßgericht durch Kriegsereignisse abgeschnitten ist.

Endlich wäre aber auch der Bundesrat auf Grund der ihm gesetzlich erteilten Ermächtigung zu wirtschaftlichen Maßnahmen (RGBl. S. 327) in der Lage, Abhilfe zu schaffen.

2. Es werden die schutzbedürftigen Kriegspersonen in drei Klassen unterschieden:

a) Angehörige der mobilen Teile der Land- und Seemacht (Ziff. 1),

b) im Ausland aus kriegsdienstlichen Gründen befindliche Personen (Ziff. 2),

c) Kriegsgefangene und Geisel (Ziff. 3).

Zu 2a. Die Angehörigen der mobilen Teile der Land- und Seemacht.

I. Die Bezeichnung ist nicht erschöpfend; die Ziff. 1 umfaßt auch noch die „gegen den Feind verwendeten Teile" und die Festungsbesatzung.

1. Daß in Ziff. 1 eine andere als die deutsche Land- und Seemacht nicht in Frage kommt, dürfte nach dem ganzen Sinn des Ge-

setzes kaum bezweifelt werden, ergibt sich — im Gegensatz zu § 15 BGB., der von den Angehörigen einer bewaffneten Macht, also auch derjenigen eines auswärtigen Staates spricht, und im Gegensatz zu § 90 StGB., der von den „Angehörigen der deutschen oder einer verbündeten Kriegsmacht" handelt — auch aus den Worten „der" Land- oder Seemacht sowie auch daraus, daß nach § 11 es der Oberbefehlshaber der deutschen See- und Landmacht ist, der das Ende des maßgeblichen Kriegszustandes bestimmt (so auch Kipp DJZ. 14 S. 1026; Hallbauer Recht 14 S. 579; Güthe in JMBl. 14 S. 744; abw. LG. I Berlin in JW. 14 S. 846, das zu Unrecht auch die „österreichische mobile Armee" einbezieht). Es ist nur eine Bestätigung der Richtigkeit dieser Ansicht, wenn nunmehr die Verordnung vom 22. Okt. 1914 (RGBl. S. 450) auf S. 56 bestimmt, daß im Sinne dieser Vorschrift die deutsche und die österreichisch-ungarische Land- und Seemacht gleichstehen.

Nachdem durch Kaiserlichen Befehl vom 1. August 1914 (Reichsanzeiger vom 1. August 1914) die kriegsbereite Aufstellung des deutschen Heeres und der Kaiserlichen Marine nach Maßgabe des Mobilmachungsplans bestimmt ist, gehören und zwar infolge des Dienstverhältnisses zu der Land- und Seemacht mit der Mobilmachung alle Personen des aktiven Heeres und der aktiven Marine. Im einzelnen sind dies nach § 38 Reichsmilitärges. vom 2. Mai 1874, § 13 d. Bundesges. vom 9. Nov. 1867, § 109 Wehrordnung vom 22. Nov. 1888 und Art. II §§ 26, 30 des Gesetzes vom 11. Febr. 1888:

a) Die Militärpersonen des Friedensstandes (Offiziere*), Ärzte, Militärbeamte,**) Kapitulanten, Freiwillige und ausgehobene Rekruten; die im Dienst befindlichen Seeleute, Maschinisten, Heizer, Schiffshandwerker und Seesoldaten).

*) Zu den Offizieren gehören auch die Marine- und Torpedo-Ingenieure, Feuerwerks-, Zeug- und Torpedooffiziere, Festungsbauoffiziere. Die Offiziere z. D. gehören weder zu den aktiven noch zu den Offizieren des Beurlaubtenstandes. Bei den Offizieren à la suite hängt es ganz von den Umständen ab, ob sie zu den Personen des Soldatenstandes gehören oder nicht. Gendarmerieoffiziere gelten in Preußen als abkommandierte aktive Offiziere. Hingegen gehören in Preußen die Feld- und Landgendarmen nicht zum Heere oder der Marine, sind aber Personen des Soldatenstandes.

**) Welche Militärpersonen Personen des Soldatenstandes und welche Militärbeamte sind, bestimmt das dem MStGB. beigefügte Verzeichnis; vgl. auch die Verordnung vom 12. Aug. 1901 (BGBl. S. 283) betr. die Klasseneinteilung der Militärbeamten des Reichsheeres und der Marine.

b) Die Angehörigen des Beurlaubtenstandes (Offiziere, Ärzte, Beamte und Mannschaften der Reserve, Marinereserve, Landwehr und Seewehr, sowie die Mannschaften der Ersatzreserve und Marineersatzreserve, und nach Aufruf des Landsturms (Verordnung vom 1. Aug. 1914 und 15. Aug. 1914, RGBl. S. 273 u. S. 371) die vom Aufruf Betroffenen oder nach freiwilliger Meldung in die Listen des Landsturms eingetragenen Personen).

c) Alle sonst freiwillig eingetretenen Offiziere, Ärzte, Militärbeamte und Mannschaften.

d) Die Zivilbeamten der Militärverwaltung.

e) Wegen der Personen des Beurlaubtenstandes der Schutztruppe *) vgl. Verordnung vom 3. Aug. 1914 (RGBl. S. 323).

Der Mobilmachungsplan umfaßt die Bildung von „mobilen" und immobilen Formationen; im „mobilen Zustande" befinden sich die Feldtruppen nebst den zu ihnen gehörenden Kommando- und Verwaltungsbehörden; dagegen sind die Ersatztruppen (diejenigen Truppenteile, die gebildet werden, um den unvermeidlichen Abgang zu ersetzen, wie Ersatz-Bataillone, Ersatz-Kompagnien und Ersatz-Batterien) und die Besatzungstruppen (diese dienen zur Besetzung der Etappenstraßen, welche das Feldheer mit der Heimat verbinden, der Festungen und wichtigerer Standorte, zur Bewachung der Kriegsgefangenen und ähnlichen Zwecken) sowie die stellvertretenden Kommando- und Verwaltungsbehörden nicht mobil.

Nur die Angehörigen der „mobilen" Teile fallen schlechthin unter die Ziff. 1 des § 2. Die Angehörigen der „immobilen Teile" bleiben zunächst ganz außer Betracht; sie werden erst als schutzbedürftig berücksichtigt, wenn eine der anderen Voraussetzungen der Ziff. 1 bei ihnen vorliegt; siehe sogleich unter 2 und 3.

Nicht der Angehörige der deutschen Kriegsmacht (§ 90 StGB.; auch § 15 BGB.) als solcher genießt den Schutz des Gesetzes, sondern nur derjenige, der den „mobilen" Teilen der Land- und Seemacht angehört. Das Kriterium für den Schutz des einzelnen ist darin zu erblicken, daß der Heeres- oder Marineteil, dem er angehört, mobil ist. Nun begründet nicht aber die Mobilmachung für die davon Betroffenen auch schon ihre Zugehörigkeit zu einem mobilen Heeresteil. Die infolge des Mobilmachungsplans zum Heeresdienst Aufgebotenen oder freiwillig Eingetretenen werden zunächst vom Tage, auf den sie einberufen sind oder an dem sie freiwillig eintreten, lediglich Personen

*) Die Schutztruppe selbst gehört nicht zum Heere.

des aktiven Soldatenstandes; im „mobilen" Zustande befinden sie sich erst, wenn sie in einen mobilen Truppenteil eingereiht werden, oder wenn der Truppenteil, in dem sie eingestellt sind, aus einem immobilen zu einem mobilen wird. Eine allgemein gültige Feststellung oder Aufzählung der „mobilen Teile" läßt sich bei der Geheimhaltung des Mobilmachungsplans nicht geben.*) Einen Anhalt etwas äußerlicher Art gibt in der Regel die Kriegsbesoldung, indem die Angehörigen m o b i l e r Formationen weit höhere Löhne und Gehälter erhalten, als die entsprechenden Stelleninhaber der immobilen Formationen. Der „mobile Zustand" beginnt sonach für jede Militärperson mit dem Tage, an dem für sie auf Grund dienstlicher Bekanntmachung die Kriegsbesoldung und Kriegsverpflegung eintritt und dauert bis zum Aufhören der Kriegsverpflegung, der Demobilmachung, die ausdrücklich befohlen sein muß. Der Zeitpunkt der Zugehörigkeit ist also für jede Person besonders zu ermitteln. Im Zweifelsfalle bleibt nichts anderes übrig, als eine Auskunft bei dem betreffenden Truppenkörper selbst einzufordern (s. auch Recht 14 S. 616).

2. Den mobilen Teilen werden diejenigen Teile gleichgestellt, die gegen den Feind verwendet werden. Es sind dies Teile, die sich nicht im „mobilen Zustande" befinden, für die also nicht Kriegsverpflegung besteht, z. B. immobile Bahnhofskommandanturen, Etappenkommandanturen, die ein plötzlich auftretendes Luftschiff angreifen; auch die von Österreich zugesandten schweren Motorbatterien, die im Kampfe gegen das Sperrfort Givet und um Namur Verwendung gefunden haben, gehören hierher (die Verordnung vom 22. Okt. 1914 S. 56 war damals noch nicht erlassen). Nicht erforderlich ist, daß die Truppen gegen den Feind „geführt" werden, es genügt jede gegen den Feind gerichtete Verwendung.

3. Endlich wird die Besatzung einer armierten oder in der Armierung begriffenen Festung eingerechnet. Unter Armierung einer Festung versteht man die Überführung derselben aus dem Friedens- in den Kriegszustand; hierzu gehören nicht nur Maßnahmen des Festungsbaues, sondern auch eine Menge von Anordnungen organisatorischer,

---

*) Nach der laut Armeeverordnungsblatt 1914 S. 308 erfolgten Neuordnung des Kriegsministeriums ist der Kriegsminister selbst mit mobilem Stab im Großen Hauptquartier mobil; dagegen ist der stellvertretende Kriegsminister in Berlin mit den ihm unterstehenden Abteilungen immobil. Behörden, wie die Landwehrinspektion, Bezirkskommando sind immobil gleich, wie das Bekleidungsamt, Proviantamt und ähnliche Ämter.

artilleristisch-technischer und wirtschaftlicher Natur. Der Beginn der „Armierung" kann für jeden Fall verschieden sein und läßt sich ebenso, wie ihre Aufhebung, nur durch Auskunft der Militärbehörde zuverlässig feststellen. Zu den Besatzungstruppen wird man auch die militärisch organisierten Arbeitstruppen (Arbeiter-Bataillone) rechnen müssen, die für die Armierungsarbeiten aufgestellt werden (vgl. Ziff. 284 der „Anleitung für den Kampf um Festungen" vom 13. Aug. 1910).

Nach der Verordnung vom 22. Okt. 1914 (s. S. 56) stehen die deutschen und die österreichisch-ungarischen Festungen gleich.

II. Die Zugehörigkeit zu einer dieser drei Kategorien ist das den Rechtsschutz begründende Moment. Sie selbst muß begründet sein durch das Dienstverhältnis, Amt oder Beruf. Infolgedessen kann sie auch für Privatpersonen, auch Frauen, selbst Nichtdeutsche bestehen, wie z. B. ausländische Offiziere, die zu dem kriegführenden Heere zugelassen sind (§ 157 MStGB.),*) ferner von den Truppen angenommene Krankenpfleger und Krankenpflegerinnen, Marketender, Fuhrparkknechte, Kolonnenführer, amtlich zugelassene Kriegsberichterstatter. Ob der Beruf Hauptberuf oder Nebenbeschäftigung ist, erscheint gleichgültig; ebenso ist es unerheblich, ob er staatlich erlaubt oder nur geduldet ist (z. B. Naturärzte). Auch bleibt außer Betracht, ob eine besondere Vergütung gewährt wird oder nicht. Es kommt nur darauf an, daß die Ausübung der Berufstätigkeit für die „mobilen Teile" (oder für die gleichgestellten Kriegsformationen) im ausdrücklichen oder stillschweigenden Einverständnis der zuständigen Stelle geschieht. Daher kann eine private Tätigkeit, wie die freiwillige Krankenpflege, wenn sie unter militärischer Aufsicht steht,**)***) die Zu-

---

*) Sind sie zugleich diplomatische Vertreter ihres Staates (Militärattachés), so sind sie exterritorial.

**) Insbesondere ist zu den Angehörigen der mobilen Heeresteile zu zählen das im Etappengebiet oder auf dem Kriegsschauplatz in der freiwilligen Krankenpflege zur Verwendung kommende Personal:

a) der deutschen Landesvereine vom Roten Kreuz und der mit ihnen verbündeten Vereine, sowie der Ritterorden — Johanniter-, Malteser-, St. Georgs-Ritter —,

b) derjenigen Vereine, Gesellschaften usw., die auf Grund des Gesetzes zum Schutze des Genfer Neutralitätszeichens vom 22. März 1902 (RGBl. S. 125) von dem zuständigen Kriegsministerium zur Unterstützung des Kriegssanitätsdienstes durch besondere Bescheinigung zugelassen sind.

Das äußere Zeichen der militärischen Genehmigung für die Verwendung innerhalb der „mobilen" Truppenteile ist in der für jeden ein-

gehörigkeit begründen, während sie zu verneinen ist für diejenigen, welche sich des Erwerbs halber freiwillig einem mobilen Truppenteil anschließen, ohne zu einer Dienstleistung berufen zu sein, z. B. Kriegskorrespondenten, Händler, nicht vom Truppenteil angenommene Marketender.

Bei dieser Sachlage ergibt sich, daß der Beginn der Zugehörigkeit nicht allgemein feststeht, sondern für jeden Einzelnen ermittelt werden muß. Bei den Militärpersonen der gleich bei Kriegsausbruch mobilen Teile ist es der erste für den Einzelnen maßgebende Mobilmachungstag, für Freiwillige der Zeitpunkt des Eintritts; bei den Militärpersonen immobiler Truppenteile der Zeitpunkt, in dem der Truppenteil zu einem mobilen wird; bei den gegen den Feind verwendeten Teilen, sofern sie nicht im mobilen Zustand sind, der Zeitpunkt der Verwendung, und bei den Besatzungstruppen einer Festung der Zeitpunkt des Beginns der Armierung; bei allen übrigen Personen der Zeitpunkt des Beginnes ihrer dienstlichen, amtlichen oder beruflichen Tätigkeit innerhalb der erwähnten Heeres- oder Marineteile.

Die Zugehörigkeit kann auch wieder gelöst werden, und zwar, abgesehen von der Demobilmachung eines Teiles, von dem Aufhören der Verwendung gegen den Feind und von der Aufhebung der Armierung, aus dienstlichen oder anderen Gründen, so z. B. durch Zurückstellung, durch Entlassung wegen Dienstuntauglichkeit, durch Übertritt zu einem immobilen Verband, durch strafgerichtliche Entlassung oder durch Aufhebung des Vertragsverhältnisses mit einem angenommenen Marketender oder Fuhrmann, durch Entziehung der amtlichen Aus-

---

zelnen — auch für den Ritter — von dem kaiserlichen Kommissar und Militärinspekteur der freiwilligen Krankenpflege ausgestellten weißen „Ausweiskarte" (für die Tätigkeit im Heimatsgebiete werden blaue Karten ausgestellt) zu finden; der Zeitpunkt der Aushändigung dieser weißen Karte ist daher für die Begründung des Verhältnisses aus § 2 entscheidend.

***) Ähnliches gilt z. B. für die Mitglieder des Kaiserlichen Freiwilligen Automobil-Korps. Das Korps, das lediglich ein Verein im Sinne des BGB. ist, ist nicht etwa im Falle der Mobilmachung eine mobile Formation; vielmehr wird je nach Bedürfnis jedes Mitglied einzeln zur Dienstleistung bei dem mobilen Heere herangezogen und zwar auf Grund eines sog. „Mobilmachungsbefehls", d. i. einer schriftlichen Urkunde, die das Korps selbst auf Grund einer generellen Ermächtigung der Generalinspektion der Verkehrstruppen ausstellt, und worin sie dem Mitgliede aufgibt, sich bei einem mobilen Kommando zu stellen. Mit der Aushändigung dieses „Mobilmachungsbefehls" beginnt die militärische Verwendung und damit die Zugehörigkeit zu den mobilen Heeresteilen.

weiskarte für einen freiwilligen Krankenpfleger. Dagegen hebt Fahnenflucht nicht die Zugehörigkeit auf. Auch hier kann der Zeitpunkt der Lösung nur nach Lage des einzelnen Falles beurteilt werden.

Zu 2 b. Die Ziff. 2 § 2 begreift diejenigen Personen, welche nicht unter Ziff. 1 zu fallen brauchen, die aber aus Anlaß der Kriegsführung des Reichs oder Österreich-Ungarns (s. Verordnung v. 22. Okt. 1914 S. 56) zur Verrichtung von dienstlichen Angelegenheiten im Auslande tätig sind. Vorausgesetzt wird ein Aufenthalt im Auslande, nicht gerade in Feindesland; er muß zu dienstlichen Zwecken — sei es ausdrücklich, sei es stillschweigend — erfolgen; eine dienstliche Verrichtung selbst ist nicht nötig, es genügt schon der bloße Auftrag dienstlicher Angelegenheiten; endlich müssen die Dienste in irgend einem Zusammenhange mit der Kriegsführung stehen, z. B. wenn ein Kaufmann im Auftrage der Heeresverwaltung Lebensmittel im Auslande zu erwerben versucht. Nicht erfordert wird die Eigenschaft als Deutscher, weiter auch nicht, daß der Aufenthalt ausschließlich zu dienstlichen Zwecken erfolgt, auch ist es unerheblich, daß der Aufenthalt im Auslande schon früher bestanden hat oder erst genommen wird.

Die Zugehörigkeit zu dieser Personenklasse wird begründet mit dem Augenblick, in dem der Auslandsaufenthalt den kriegsdienstlichen Zwecken zu dienen beginnt. Sie wird beendet mit der Aufgabe des Aufenthalts oder früher mit dem Fortfall oder der Erledigung der dienstlichen Zwecke.

Zu 2 c. Die Ziff. 3 § 2 läßt endlich den Rechtsschutz auch Kriegsgefangenen und Geiseln zuteil werden, solange sie sich in der Gewalt des Feindes befinden.

Kriegsgefangene sind alle Personen, welche aus Anlaß von Kriegsoperationen in Feindeshand geraten und festgehalten werden; daß sie Militärpersonen sind, wird nicht erfordert, auch Frauen und Kinder werden in Betracht kommen können. Nicht nötig ist, daß die Gefangennahme gerade auf dem Kriegsschauplatz erfolgt; auch diejenigen, die bei Kriegsausbruch sich im Feindesgebiet aufhielten, können aus militärischen Gründen zurückgehalten werden. Immer wird es sich aber bei dem Zustand der Kriegsgefangenschaft um eine wirkliche Festnahme handeln, die zu einer völligen Einschließung oder doch zu einer wesentlichen Einschränkung der Bewegungsfreiheit führt. Eine bloße Aufenthaltsbeschränkung, verbunden mit polizeilicher Meldepflicht, kann ebensowenig als Kriegsgefangenschaft gelten, wie eine infolge der Sperrung der Grenzen tatsächlich eintretende Hinderung an der Rückkehr.

Geisel (Otages) sind Personen, die dem Feinde entweder freiwillig überliefert oder auch von ihm gewaltsam ergriffen werden, und die mit ihrer Person für die Erfüllung bestimmter Verpflichtungen oder sonst zu Zwecken der Sicherstellung haften; gewöhnlich werden dazu angesehene und beamtete Personen, z. B. Bürgermeister, ausersehen.

Die Vorschrift der Ziff. 3 § 2 bezieht sich nach ihrer Fassung auf die Angehörigen aller Kriegsparteien, sowohl auf deutsche als auch auf fremde Staatsangehörige. Die Zugehörigkeit zu dieser Personenklasse beginnt mit dem Augenblick, in dem die Gefangennahme sich vollzieht; sie hört auf mit der tatsächlichen Befreiung aus der feindlichen Gewalt; diese braucht nicht immer mit der Aufhebung der Kriegsgefangenschaft identisch zu sein, so z. B. bei Freilassung auf Ehrenwort.

III. A. Nach der Regel des § 2 tritt eine Unterbrechung des Verfahrens ein; daneben kommt nach § 3 Abs. 2 eine Aussetzung in Frage. Nur die Voraussetzungen für die Unterbrechung oder Aussetzung (bezw. für die Aufnahme des Verfahrens) werden vorliegend geregelt; im übrigen gelten die Vorschriften der ZPO.; aus ihnen ist der Begriff der Unterbrechung des Verfahrens, ebenso die Wirkung zu entnehmen.

Die Unterbrechung tritt kraft Gesetzes ein, d. h. ohne weiteres, unabhängig von dem Willen der Parteien; die bloße Tatsache eines Kriegsverhältnisses aus Ziff. 1—3 führt die Unterbrechung herbei, ohne daß das Gericht oder der Gegner hiervon Kenntnis zu haben braucht. Die Unterbrechung ergreift den Prozeß als Ganzes und bringt ihn zum Stillstand; es handelt sich dabei um einen Mangel, der in jeder Lage des Verfahrens von Amts wegen zu berücksichtigen ist (RG. 64 S. 362). Ist sonach die Frage der Unterbrechung zur Vermeidung wirkungsloser und anfechtbarer Akte von Amts wegen zu klären, so hat das Gericht, sobald ein Anhalt für das Vorliegen eines Kriegsverhältnisses aus § 2 gegeben ist, stets auch von Amts wegen zu prüfen, ob eine Partei nicht Kriegsperson ist, wobei zu beachten ist, daß auch Frauen darunter fallen können; erleichtert wird die Prüfung in vielen Fällen durch die urkundliche Feststellung, welche die Zustellungsbeamten nach der JMV. vom 2. Sept. 1914 (S. 135 zu II) zu treffen haben (vgl. auch Levis Recht 14 S. 548, Hallbauer ebenda S. 585 f., Güthe in JMBl. 14 S. 746; a. M. Foerder JW. 14 S. 814, Striemer ebenda S. 853; eine vermittelnde Meinung vertritt Kipp, Recht u. Wirtschaft 14 S. 212 f.).

B. Die Unterbrechung tritt ein, wenn an dem Verfahren eine Kriegsperson als „Partei“ oder gemäß § 9 als gesetzlicher Vertreter einer nichtprozeßfähigen Partei beteiligt ist. Der Begriff der Parteistellung ist aus den Grundsätzen der ZPO. zu entnehmen. Ob die Kriegsperson Kläger oder Beklagter, Antragsteller oder Antragsgegner ist, ist gleichgültig (a. M. Glaser DJZ. 14 S. 1076 f. u. JW. 14 S. 906 f., der das Gesetz, weil es zum Schutze der Kriegsteilnehmer bestimmt ist, da außer Anwendung wissen will, wo die Unterbrechung Rechtsnachteile von dem Kriegsteilnehmer nicht nur nicht abwenden, sondern herbeiführen würde; hiergegen Stein in JW. 14 S. 806). Erfaßt werden auch die Prozesse, bei denen Kriegspersonen nur kraft Amtes Parteien sind, wie die Testamentsvollstrecker, Konkursverwalter (s. auch OLG. Hamburg DJZ. 14, S. 1306), Zwangsverwalter, Nachlaßverwalter. Ist eine Kriegsperson einer von mehreren Streitgenossen, so tritt die Unterbrechung auch in den Fällen des § 62 ZPO. nur ihm gegenüber ein (a. M. Hallbauer Recht 14 S. 585, Güthe JMBl. 14 S. 745, Kammergericht DJZ. 14 S. 1304, die im Falle des § 62 ZPO. eine Unterbrechung zugunsten a l l e r Streitgenossen annehmen; vgl. dagegen Stein[11] ZPO., Vorbem. III, 4 vor § 59, insbes. Anm. 14). Bei einem Nebenintervenienten vermag das Kriegsverhältnis eine Unterbrechung nicht herbeizuführen, da er nicht Subjekt des Prozesses ist (a. M. OLG. Hamburg DJZ. 14 S. 1307).

Welchen Einfluß das Kriegsverhältnis des § 2 auf einen Zeugen ausübt, sagt das Gesetz nicht; gleichwohl kann die Frage von Bedeutung sein für die Beweislast einer Partei, für die mit der Einberufung einer Kriegsperson ein Zeuge verloren geht; seine Ermittelung und Ladung ist auf absehbare Zeit nicht auszuführen. Es wird keine andere Beurteilung eintreten können, als allgemein im Falle des Untergangs eines Beweismittels. Die Partei bleibt beweisfällig, zumal in dieser Hinsicht irgend ein Verschulden nicht vorzuliegen braucht.

Im Zusammenhang hiermit ist auch die Frage nach der Zulässigkeit von Räumungsklagen gegen die Ehefrauen von Kriegspersonen zu erwähnen. Man will dem § 1354 BGB. wegen seiner sozialen Tragweite ein Übergewicht über § 556 BGB. geben und den Räumungsanspruch versagen, wenn der Mietvertrag nur gegenüber der Ehefrau gekündigt ist; ist hingegen auch dem Manne gekündigt, so läßt man wohl die Verurteilung der Frau zur Räumung, hingegen nicht eine Vollstreckung des Urteils zu, da die Räumung der Wohnung durch die Frau in allen Fällen zugleich die Räumung der Wohnung durch den Mann bedeuten würde und hierzu ein Räumungsurteil gegen den Mann erforderlich wäre (vgl. Gumbinner DJZ. 14 S. 1203, Kipp Recht u. Wirtschaft 14 S. 213, Asch JW. 14 S. 853, Güthe JMBl. 14 S. 744 f., abw. Wertheimer JW. 14 S. 948; hiergegen Seeger ebenda S. 991).

Auf die akzessorische Seite des Mietverhältnisses hat bei einer Mitmiete der Frau schon Oertmann in DJZ. 05 S. 1079 ff. hingewiesen; ihr Mietverhältnis ist in Entstehung und Fortbestand von dem Mietsverhältnisse des Mannes abhängig; erst mit dem Mietrechte des Mannes erreicht auch ihre Miete ein Ende. Man wird also der Ehefrau solange die Gebrauchsgewährung zugestehen müssen, als der Vermieter nicht in der Lage ist, das Gebrauchsrecht ihres Mannes in vollstreckbarer Weise zu beseitigen, also solange, als das Kriegsverhältnis die Anstrengung einer Räumungsklage gegen ihn hindert. Im übrigen vgl. wegen der Vollstreckung eines gegen die Frau allein ergangenen Räumungsurteils JMB. vom 26. Sept. 1914 (S. 717) auf S. 137. (Zum Teil dagegen Hachenburg DJZ. 14, S. 1270 und Schiffer, ebenda S. 1238).

Endlich sei noch erwähnt, daß die nach § 2 eintretende Erschwerung der Rechtsverfolgung nicht eine solche ist, die unter § 773 Ziff. 2 BGB. fällt; sie hat nicht den Verlust der Einrede der Vorausklage zur Folge (vgl. Lesser JW. 14 S. 847; a. M. Harder ebenda S. 846).

Die Unterbrechung erfolgt nicht, wenn die „Partei" durch einen Prozeßbevollmächtigten vertreten wird (§ 3 Ziff. 2). Damit wird aber die Mehrzahl der Streitigkeiten getroffen; auf diese Weise wird die Norm, die nach § 2 die Regel bilden sollte, zur Ausnahmebestimmung. Auch dann, wenn der Prozeßbevollmächtigte selbst zu den Kriegspersonen des § 2 gehört, unterbleibt die Unterbrechung. Im übrigen wird der Vertretung durch Prozeßbevollmächtigte die Vertretung durch andere zur Wahrnehmung der Rechte berufene Vertreter gleichgestellt.

C. Für den Beginn der Unterbrechung ergibt § 2 in Verbindung mit den §§ 1 und 12 folgendes:

1. In den bereits bei Verkündung des Gesetzes, am 4. August 1914, anhängigen Prozessen beginnt die Unterbrechung:

a) mit der Verkündung selbst, wenn zu diesem Zeitpunkt eine Partei bereits in einem Kriegsverhältnis aus Ziff. 1—3 steht,

b) wenn eine Partei erst später in ein solches Verhältnis tritt, erst mit diesem späteren Zeitpunkt.

2. In den nach der Verkündung des Gesetzes anhängig werdenden Sachen tritt die Unterbrechung beim Vorliegen eines Kriegsverhältnisses sofort mit der Anhängigkeit, sonst erst später mit der jeweiligen Begründung des Verhältnisses ein.

D. Für die Beendigung der Unterbrechung ist § 4 maßgebend.

E. Was die Wirkungen der Unterbrechung betrifft, die nach § 249 ZPO. zu bestimmen sind, so sind nach herrschender Ansicht auch die richterlichen Entscheidungen nicht absolut nichtig, sondern bloß anfechtbar; ihre Unwirksamkeit muß durch Einspruch oder Rechtsmittel geltend gemacht werden; ist die Entscheidung rechtskräftig und eine Anfechtung auch durch Nichtigkeitsklage nicht mehr möglich, so kann die Aufhebung der Entscheidung nicht mehr bewirkt werden (Seuffert ZPO. Anm. 2d zu § 249). Infolgedessen wird auch ein gegen eine Kriegsperson unzulässigerweise erlassenes Versäumnisurteil wirksam und vollstreckbar, wenn sie nach Beendigung der Unterbrechung nicht rechtzeitig Einspruch einlegt.

IV. Der Absatz 2 dehnt lediglich die Anwendbarkeit der Bestimmungen des Abs. 1 auf die Rechtsstreitigkeiten vor den Gewerbe- und Kaufmannsgerichten aus.

V. Durch die Verordnung vom 7. August 1914 über die gerichtliche Bewilligung von Zahlungsfristen (RGBl. S. 359) hat der Bundesrat einen Weg eröffnet, auf welchem ganz allgemein, d. h. ohne Rücksicht auf das Bestehen eines Verhältnisses aus § 2 Schuldner einer vor dem 31. Juli 1914 entstandenen Geldforderung eine Stundung erlangen können. Die Geldforderung — vgl. über den Begriff Bem. B und H zu § 5 sowie ferner Anm. 13 S. 77 —, zu der insbesondere auch Wechselforderungen und durch Hypothek gesicherte Forderungen zu zählen sind, nicht aber Forderungen öffentlich-rechtlicher Natur, wie Steuern und Abgaben, muß vor dem 31. Juli 1914 „entstanden" sein, nicht aber braucht sie vor diesem Tage fällig geworden sein, z. B. eine Mietszinsforderung, die auf einem vor dem 31. Juli 1914 abgeschlossenen Vertrage beruht. Bei einer solchen Forderung kann nach freiem Ermessen das Gericht — die Verordnung spricht von „ordentlichen" Gerichten, sodaß Kaufmanns- und Gewerbegerichte auszuscheiden haben — dem Schuldner eine Zahlungsfrist von längstens 3 Monaten, nötigenfalls unter Auflage einer Sicherheit bewilligen, so weit dies nötig und mit Rücksicht auf den Gläubiger, dem hieraus kein unverhältnismäßiger Nachteil erwachsen darf, vereinbar ist. Der Zahlungsaufschub kann für den Gesamtbetrag oder auch nur für einen Teilbetrag der Forderung erfolgen; der Zinsenlauf wird hierdurch nicht weiter berührt. Der Antrag, der von dem Beklagten bezw. Schuldner unter Glaubhaftmachung zu begründen ist, ist nicht nur im Prozeß oder während der Zwangsvollstreckung (vgl. Bem. B zu § 5), sondern schon vorher zulässig; in diesem Falle ist der Schuldner befugt, unter Anerkennung der Forderung des Gläubigers, diesen ohne Rücksicht auf den Wert des Streitgegenstandes vor das Amtsgericht zur Verhandlung über die Bestimmung einer Zahlungsfrist zu laden. Die

Bewilligung der Frist wird, ähnlich wie in § 721 ZPO., hier im Anerkenntnisurteil, sonst bei Prozessen im Urteil und bei einer Zwangsvollstreckung im Einstellungsbeschluß ausgesprochen. Wegen der Einzelheiten s. S. 73 ff.

Die so geschaffene Rechtslage bedingte weiter, Vorsorge zu treffen für diejenigen Fälle, in denen mit der Nichterfüllung einer Verbindlichkeit besondere Rechtsnachteile für den Schuldner verbunden sind. Die häufigsten Fälle sind die Verpflichtung eines Mieters zur Räumung wegen Nichtzahlung des Mietzinses (z. B. § 554 BGB.) und die Fälligkeit des Hypothekenkapitals, sowie die Erhöhung des Zinsfußes bei Ausbleiben einer Zinszahlung; weiter kommen auch Vertragsstrafen und die bei Abzahlungsgeschäften üblichen Abreden in Betracht. Mit Rücksicht hierauf bestimmt die Verordnung vom 18. Aug. 1914 über die Folgen der nicht rechtzeitigen Zahlung einer Geldforderung (RGBl. S. 377), daß das Prozeßgericht auf Antrag des Schuldners — ebenfalls im Urteil — auch anordnen kann, daß die besonderen Rechtsnachteile, die mit der Nichtzahlung oder der nicht rechtzeitigen Zahlung einer vor dem 31. Juli 1914 entstandenen Geldschuld nach Gesetz oder Vertrag verbunden sind, als nicht eingetreten gelten, oder daß die Folgen nur unter einer Bedingung, insbesondere erst nach dem fruchtlosen Ablauf einer Frist eintreten sollen, die bis zur Dauer von höchstens drei Monaten gewährt werden kann. Waren die Rechtsfolgen am 31. Juli 1914 bereits eingetreten, so ist eine Anordnung unzulässig. Das Gericht kann daher nicht nur eine Zahlungsfrist gewähren, sondern auch eine ausdrückliche Anordnung darüber treffen, ob durch die Bewilligung der Zahlungsfrist z. B. die bereits eingetretene Räumungspflicht des Mieters oder die Fälligkeit des Hypothekenkapitals als beseitigt zu gelten hat. Diese Anordnung kann das Gericht auch dann treffen, wenn der Schuldner den Betrag nachträglich bezahlt hat und daher einer Zahlungsfrist nicht mehr bedarf.

Dem Schuldner, gegen den bereits ein vollstreckbarer Titel, insbesondere eine Urkunde aus § 794 Nr. 5 ZPO. vorliegt, wird verstattet, den Antrag, die Rechtsfolgen der Nichtzahlung oder der nicht rechtzeitigen Zahlung zu beseitigen, durch Einwendung gegen die Zulässigkeit der Vollstreckungsklausel nach § 732 ZPO. geltend zu machen. Unter Glaubhaftmachung der tatsächlichen Behauptung hat er bei dem Amtsgerichte, dessen Gerichtsschreiber die Vollstreckungsklausel erteilt hat, den Ausspruch der Unzulässigkeit dieser Klausel zu beantragen. Gibt das Gericht dem Antrage statt, so sind damit die eingetretenen Rechtsnachteile beseitigt. Handelt es sich um eine notarielle Urkunde, so ist der Antrag bei dem Amtsgericht zu stellen, in dessen Bezirk der Notar seinen Wohnsitz hat.

Wegen der Einzelheiten s. S. 84 ff.

§ 3.

Eine Unterbrechung des Verfahrens tritt nicht ein:

1. wenn die im § 2 bezeichnete Partei einen persönlichen Sicherheitsarrest erwirkt hat, insoweit es sich um die Entscheidung handelt, ob der Arrest aufrechtzuerhalten oder aufzuheben sei;
2. wenn die Partei durch einen Prozeßbevollmächtigten vertreten ist oder einen anderen zur Wahrnehmung ihrer Rechte berufenen Vertreter hat.

In den unter Nr. 2 bezeichneten Fällen hat das Prozeßgericht auf Antrag des Vertreters die Aussetzung des Verfahrens anzuordnen.

Der vorliegende Paragraph enthält die Ausnahmen der Regel des § 2. Die Unterbrechung tritt nicht ein

1. bei einem Personalarrest,
2. bei der Vertretung einer Partei.

I. Nur der Personalarrest (§ 918 ZPO.) kommt in Frage, und zwar erst nach erfolgter Anordnung („erwirkt hat"). Die Möglichkeit einen Sicherheitsarrest auch während des Kriegszustandes zu beseitigen, sollte der von dem Arrest betroffenen Person im Interesse des Schutzes der persönlichen Freiheit unbedingt gesichert werden (Begr.). Vorausgesetzt ist die erfolgte Arrestanlage; es kommen daher nur bereits schwebende Arrestsachen in Frage, sofern der Arrestkläger zu den Kriegspersonen des § 2 gehört, wobei es gleichgültig ist, ob er durch einen Prozeßbevollmächtigten vertreten wird oder nicht (vgl. Ziff. 2 § 3). Gehört nur der Arrestbeklagte zu den Personen des § 2, so ist das Verfahren unterbrochen gemäß § 2, wenn er ohne Prozeßvertreter oder ohne sonstigen Vertreter ist; dagegen ist dies nicht der Fall, wenn er vertreten ist (§ 3 Ziff. 2); hier kann nur Aussetzung beantragt werden, die das Gericht dann allerdings anordnen muß.

Sachen, bei denen der Personalarrest noch nicht angeordnet ist, mögen die Gesuche bereits vorliegen oder erst noch eingereicht werden, sind unterbrochen, falls eine der Parteien — Arrestkläger oder Arrestbeklagter — zu den Kriegspersonen des § 2 gehört und unvertreten ist; bei Vertretung nimmt das Arrestverfahren Fortgang mit der Maßgabe, daß auf Antrag Aussetzung anzuordnen ist. Im übrigen siehe allgemein zu Frage des Arrestverfahrens und der Arrestvollziehung Stein JW. 14 S. 804 ff.

II. Der Fortgang des Verfahrens bei Vertretung der kriegsbeteiligten Partei.

Der Grund für eine Unterbrechung fällt fort, falls die kriegsbeteiligte Person einen gewählten oder gesetzlichen Vertreter hat, der zur Wahrnehmung ihrer Rechte berufen ist. Alle Streitigkeiten, in denen Prozeßbevollmächtigte bestellt sind, erfahren keine Unterbrechung (wegen des Begriffs der Prozeßvollmacht s. § 81 ff. ZPO.); insbesondere können daher Interventionsklagen erhoben und einstweilige Verfügungen beantragt werden, falls dem kriegsbeteiligten Gegner im Hauptprozeß ein Bevollmächtigter bestellt war. Wird der Vertreter erst nach eingetretener Unterbrechung bestellt, so kann das Verfahren nur fortgeführt werden, wenn der Vertreter es aufnimmt (§ 4 Ziff. 2).

Die Streitigkeiten gehen ferner auch dann weiter, wenn die Partei nicht einen Prozeßbevollmächtigten, sondern einen „anderen" zur Wahrnehmung ihrer Rechte berufenen Vertreter hat. Die Berufung des Vertreters kann auf Gesetz oder Willenserklärung beruhen. Gesetzlich berufen sind z. B. die Eltern, Vormund, Pfleger. Hierbei ist aber zu beachten, daß in einzelnen Beziehungen, z. B. in den Fällen der §§ 112, 113 BGB., eine erweiterte Geschäftsfähigkeit für die Minderjährigen gegeben ist, und daß, falls der Rechtsstreit eine hierunter fallende Verpflichtung betrifft, sie einer Vertretung nicht bedürfen, demnach auch ihre Eltern oder Vormünder zur Vertretung in diesem Rechtsstreit nicht berufen sind. Ein solcher Rechtsstreit erleidet also nach § 2 eine Unterbrechung, vorausgesetzt, daß die minderjährige Kriegsperson nicht etwa einen Prozeßbevollmächtigten bestellt hat.

III. Gehört der Prozeßbevollmächtigte selbst zu den Personen des § 2, so findet eine Unterbrechung nicht statt, auch nicht, wenn der Prozeßbevollmächtigte ein Anwalt ist, da das Kriegsverhältnis des § 2 für sich noch nicht die Unfähigkeit zur Fortführung der Vertretung im Sinne des § 244 ZPO. begründet. Gehört dagegen der „berufene Vertreter" selbst zu den Kriegspersonen, so ist zu unterscheiden, ob er gesetzlich eine prozeßunfähige Partei, die eine natürliche Person ist, vertritt oder nicht. Ist dies der Fall, so kommt § 9 zur Anwendung;

es findet also Unterbrechung statt; jedoch mit der Einschränkung, daß nicht etwa ein „besonderer Vertreter" gemäß § 9 Abs. 2 bestellt wird. Der „gewählte" Vertreter dagegen wird dem Prozeßbevollmächtigten gleichgestellt. In diesen Fällen bleibt nichts anderes übrig, als einen anderen Vertreter zu beschaffen oder einen Vertagungsantrag nach § 228 ZPO. zu stellen; eine förmliche Aussetzung zu beantragen, erscheint nicht angängig.

IV. Liegt Vertretung der kriegsbeteiligten Partei vor, so ist ihr Vertreter — mag er gesetzlicher oder gewählter Vertreter sein — befugt, die Aussetzung zu beantragen. Der vertretenen Partei selbst wird auch da, wo kein Anwaltszwang besteht, nicht eine solche Befugnis eingeräumt. Dem Antrage des Vertreters muß stattgegeben werden, wobei es gleichgültig ist, ob der Vertreter sich trotz der Abwesenheit der Partei ausreichende Information beschaffen kann. Macht die Partei von ihrer Aussetzungsbefugnis keinen Gebrauch, so ist ein etwaiger Vertagungsantrag ohne Rücksicht auf den Kriegszustand zu beurteilen (OLG. Braunschweig DJZ. 14 S. 1306).

V. Die Aussetzung des Verfahrens hat dieselben Wirkungen wie die Unterbrechung (§ 249 ZPO.). S. Bem. E S. 25.

§ 4.

Die Unterbrechung oder Aussetzung des Verfahrens hört auf:

1. mit der Beendigung des Kriegszustandes;
2. vor diesem Zeitpunkt mit der Aufnahme des Verfahrens durch die im § 2 bezeichnete Partei (Zivilprozeßordnung § 250).

Erfolgt die Aufnahme durch die Partei nicht bis zum Ablauf eines Monats seit der Beendigung des nach § 2 maßgebenden Verhältnisses, so kann die Partei zur Aufnahme und zugleich zur Verhandlung der Hauptsache geladen werden. Erscheint sie in dem Termine nicht und wird der Ablauf der für die Aufnahme festgesetzten Frist glaubhaft gemacht, so ist auf Antrag die Beendigung des nach § 2 maßgebenden Verhältnisses als zugestanden anzunehmen und zur Hauptsache zu verhandeln.

Der Paragraph regelt das Ende der Unterbrechung und Aussetzung.

I. Dasselbe wird herbeigeführt:

1. Durch die Beendigung des Kriegszustandes. Dieser Zeitpunkt ist nicht mit dem Friedensschlusse oder mit der völligen Demobilmachung identisch, sondern wird durch Kaiserliche Verordnung festgesetzt (§ 11). Dem Verfahren wird dann ohne weiteres durch Ladung Fortgang gegeben.

2. Schon vor diesem Zeitpunkt, also während des Kriegszustandes mit der Aufnahme des Verfahrens durch die kriegsbeteiligte Partei. Diese kann das Verfahren jederzeit gemäß § 250 ZPO. freiwillig aufnehmen, sie kann aber auch hierzu angehalten werden, falls inzwischen ihr nach § 2 maßgebliches Kriegsverhältnis beendet ist. Für den letzten Fall ist ein besonderes Aufnahmeverfahren vorgeschrieben, das den im § 239 ZPO. für den Fall des Todes einer Partei erlassenen Vorschriften nachgebildet ist. Ist für eine Partei das Kriegsverhältnis aus § 2 gelöst, so dauert an sich nach § 4 Ziff. 1 die Unterbrechung oder Aussetzung fort; verzögert die Partei gleichwohl die Aufnahme einen Monat über den Zeitpunkt der Beendigung hinaus, so kann der Gegner sie zur Aufnahme und zugleich zur Verhandlung der Hauptsache laden. Im Versäumnisfalle wird Glaubhaftmachung (§ 294 ZPO.) erfordert, daß die zur Aufnahme geladene Partei tatsächlich nicht mehr zu den Kriegspersonen des § 2 gehört, da mit der Möglichkeit ihrer Zugehörigkeit und ihrer Unfähigkeit, dies vorzubringen, immerhin gerechnet werden muß; mit der Glaubhaftmachung in Verbindung mit dem Ablauf der einmonatlichen Frist ist die Behauptung der Beendigung des Kriegsverhältnisses als zugestanden anzunehmen.

II. Mit dem Aufhören der Unterbrechung oder Aussetzung werden alle Fristen in Lauf gesetzt (§ 249 ZPO.).

III. Falls in einem Prozesse mit der Klage eine Widerklage behandelt wird, so kann die Aufnahme nicht etwa auf die Klage beschränkt werden. Dagegen würde dies eintreten können, wenn das Gericht die Behandlung in getrennten Prozessen gemäß § 145 Abs. 2 ZPO. angeordnet hat; in diesen Fällen müßte zur Vermeidung von unbilligen Härten von der Bestimmung des § 150 ZPO. Gebrauch gemacht werden.

§ 5.

Die Zwangsvollstreckung gegen die im § 2 bezeichneten Personen wegen privat-rechtlicher und öffentlich-rechtlicher Geldforderungen unterliegt folgenden Beschränkungen:

1. Die Versteigerung und die anderweite Verwertung beweglicher körperlicher Sachen ist unzulässig. Die Vollstreckungsbehörde kann jedoch auf Antrag oder von Amts wegen anordnen, daß eine verbrauchbare Sache oder eine Sache, die der Gefahr einer beträchtlichen Wertsverringerung ausgesetzt ist oder deren Aufbewahrung unverhältnismäßige Kosten verursachen würde, versteigert und der Erlös hinterlegt oder zur Befriedigung des Gläubigers an diesen abgeführt werde.

   Die Ablieferung von gepfändetem Gelde an den Gläubiger wird hierdurch nicht ausgeschlossen.

2. Die Versteigerung von Gegenständen, welche der Zwangsvollstreckung in das unbewegliche Vermögen unterliegen, ist unzulässig.

Die vorstehenden Bestimmungen finden auch Anwendung auf Zwangsvollstreckungen in das Vermögen der Ehefrauen und Kinder der im § 2 bezeichneten Personen, insoweit die Zwangsvollstreckung die Vermögensrechte berührt, die dem Ehemann auf Grund des ehelichen Güterrechts oder die den Eltern auf Grund der elterlichen Gewalt zustehen.

Der vorliegende Paragraph handelt von Beschränkungen der Zwangsvollstreckung in das bewegliche und das unbewegliche Vermögen.

A. I. Die Zwangsvollstreckung ist gegen die Kriegspersonen des § 2 nicht schlechthin ausgeschlossen; sie wird zugelassen, aber nur in beschränktem Umfange. Eine unbeschränkte Zulassung könnte unter Umständen zu Härten führen, da durch die Abwesenheit von der Heimat die Geltendmachung von Einwendungen (§§ 752, 766, 767 ZPO.) und die Beschaffung der Mittel zur Befriedigung begründeter Ansprüche erschwert wird (Begr.). Die Vollstreckung zugunsten von Kriegspersonen wird überhaupt nicht berührt.

II. Die Beschränkungen gelten erst von dem Augenblick der Begründung eines Kriegsverhältnisses aus Ziff. 1—3 § 2 und nur während der Dauer des Bestehens desselben. Mit der Aufhebung des Verhältnisses fallen auch die Beschränkungen fort.

III. Gleichgültig ist es, ob die Kriegsperson unvertreten ist oder einen Prozeßbevollmächtigten oder sonstigen Vertreter bestellt hat. Dagegen kommen die Beschränkungen nicht den prozeßunfähigen Vollstreckungsschuldnern zugute, mag auch ihr gesetzlicher Vertreter kriegsbehindert sein (§ 9 Abs. 1).

Ob der vollstreckbare Schuldtitel bei der Verkündung des Gesetzes schon vorhanden gewesen oder erst später erworben ist, ist ohne Bedeutung.

IV. Die Zwangsvollstreckung „gegen die im § 2 bezeichneten Personen" unterliegt den Beschränkungen; gemeint ist offenbar die Zwangsvollstreckung in das Vermögen dieser Personen, wie denn auch der Abs. 2 § 5 zutreffend nicht von einer Zwangsvollstreckung „gegen" die Ehefrauen und Kinder, sondern von einer Zwangsvollstreckung in deren Vermögen spricht. Würde man sich eng an die Wortfassung „gegen" halten, so wäre es möglich, auch an die Fälle zu denken, in denen nur der Schuldtitel „gegen" eine Kriegsperson lautet, z. B. wenn gemäß § 748 ZPO. bei einem Nachlaß ein Urteil gegen einen kriegsbeteiligten Testamentsvollstrecker vorliegt. Derartige Fälle werden nicht berücksichtigt. Das Gesetz will vielmehr ausschließlich die Vermögensrechte der Kriegspersonen selbst und ihrer nächsten Angehörigen (Ehefrauen und Kinder gemäß Abs. 2) vor dem Zugriffe der Gläubiger schützen und hält an diesem Standpunkt so starr fest, daß es nicht einmal für die natürlichen prozeßunfähigen Personen, die durch eine Kriegsperson gesetzlich vertreten werden, die bisherige Gleichstellung mit den Kriegspersonen zuläßt, sondern sie ausdrücklich von dem Schutze ausnimmt (§ 9 Abs. 1). Zeigt also diese Ausnahme deutlich, daß das Kriegsverhältnis des — gewählten oder gesetzlichen — Vertreters, wenn er nicht gerade Vater ist, schlechthin ganz ohne Einfluß auf die Durchführung der Zwangsvollstreckung ist, so wird man annehmen müssen, daß auch sonst, wo nicht das eigene Vermögen der Kriegsperson oder ihrer Angehörigen auf dem Spiele steht, die Zwangsvollstreckung unverändert durchgeführt werden kann, also namentlich in den Fällen, wo die Kriegsperson nur kraft Amtes Partei ist, wie bei dem Testamentsvollstrecker eines Nachlasses. (Zustimmend Güthe JMBl. 14 S. 747.)

V. Die Beschränkungen sind von Amtswegen zu berücksichtigen; Gerichtsvollzieher und Versteigerungsrichter müssen daher in jedem Falle besonders prüfen, ob im Zeitpunkt der Versteigerung nicht bei dem Vollstreckungsschuldner die Möglichkeit einer Kriegsbehinderung vorliegen kann; dabei ist darauf zu achten, daß auch Frauen in Frage kommen. Die Beschränkungen enthalten aber kein absolutes Verbot, sondern können, wenn auch nicht im voraus, so doch nach Eintritt der Pfändung oder Beschlagnahme, durch Vertrag (z. B. des betreibenden Gläubigers mit einem Vertreter der Kriegsperson) aufgehoben werden, denn es liegt kein Grund vor, das Verfügungsrecht des Schuldners über ein von ihm selbst empfundenes Bedürfnis hinaus zu beschränken (vgl. auch Levis Recht 14 S. 551, s. ferner Bem. G S. 38).

VI. Ob Alleineigentum oder Miteigentum der Kriegsperson berührt wird, macht keinen Unterschied.

VII. Wegen der durch die Bundesratsverordnungen vom 7. Aug. 1914 und 8. Aug. 1914 (RGBl. S. 359 und S. 363) allgemein, d. h. auch für Nichtmilitärpersonen geschaffenen Vergünstigungen in der Zwangsvollstreckung siehe Bem. H. S. 39 f.

VIII. Wegen des Beginns der Zwangsvollstreckung gegen die Kriegspersonen sei darauf hingewiesen, daß, sofern sie dem aktiven Heere oder der aktiven Marine angehören — also vornehmlich die Personen der Ziff. 1 des § 2 — eine Anzeige bei der Militärbehörde vorauszugehen hat (§ 752 ZPO.). Wegen der Zwangsvollstreckung in Kasernen und Vollstreckung der Haft vgl. §§ 790, 904, 905 Nr. 2, 912 ZPO. Im übrigen siehe wegen der Zustellungen und Zwangsvollstreckungen während des Krieges JMV. vom 2. Sept. 1914 (JMBl. S. 701) S. 135.

B. Nur die Zwangsvollstreckung wegen Geldforderungen wird eingeschränkt; es wird also lediglich der zweite Abschnitt des 8. Buchs der ZPO. betroffen. Darin liegt ein wesentlicher Unterschied gegenüber der Unterbrechung des § 2, die Ansprüche aller Art, auch nicht vermögensrechtliche, ergreift (siehe darüber Bem. B zu § 2). Das Vollstreckungsverfahren zur Erwirkung der Herausgabe von Sachen und zur Erwirkung von Handlungen und Unterlassungen (§§ 883 bis 898 ZPO.) bleibt unberührt und ist daher zulässig. Es ist demnach, wie Güthe JMBl. 14 S. 747 hervorhebt, möglich, einen Räumungsanspruch gegen eine Kriegsperson, wenn einmal ein Urteil ergangen ist, zur Vollstreckung zu bringen.

Geldforderungen sind Ansprüche auf Zahlung einer Geldsumme (richtiger Ansicht nach nicht nur an Gläubiger, sondern auch an einen Dritten); dazu gehört auch der Anspruch aus Hypothek, Grundschuld und Rentenschuld (vgl. § 794 Nr. 5 ZPO.). (Wegen des Begriffs Geldforderungen s. noch Anm. 13 S. 77.) Gleichgültig ist dagegen, ob die Geldforderungen privatrechtlicher oder öffentlich-rechtlicher Natur sind; es werden also staatliche und kommunale Abgaben jeder

Art in gleicher Weise getroffen, während diese Forderungen bei der gerichtlichen Bewilligung einer Zahlungsfrist (Verordnung vom 7. Aug. 1914) und bei der Beseitigung der Folgen der nicht rechtzeitigen Zahlung einer Geldforderung (Verordnung vom 18. Aug. 1914) sowie in dem zur Abwendung eines Konkurses angeordneten Geschäftsaufsichtsverfahren (§§ 5, 9 der Verordnung vom 10. Aug. 1914 (RGBl. S. 363) nicht betroffen werden.

Wegen der Einziehung von Kosten und anderen dem Staate gebührenden Geldbeträgen siehe JMV. vom 5. Aug. 1914 (JMBl. S. 660) S. 127; wegen der Erhebung der Einkommensteuer von dem Militäreinkommen, sowie wegen Beitreibung der rückständigen Steuern einberufener Militärpersonen siehe Erlaß des Finanzm. vom 4. Aug. 1914 (Reichsanzeiger vom 8. Aug. 1914 u. Armeeverordnungsblatt 14 S. 291).

C. Die Zwangsvollstreckung in das b e w e g l i c h e Vermögen.

Grundsätzlich ist die Versteigerung (oder anderweite Verwertung) beweglicher körperlicher Sachen verboten.

Ein dem wahren Wert entsprechender Erlös wird bei Versteigerungen schon in Friedenszeiten kaum erzielt, wieviel weniger in Kriegszeiten; infolgedessen ist auch für die Dauer des Krieges a l l g e m e i n nicht nur bei Vollstreckungen gegen Kriegspersonen, für die Verwertung von Pfandsachen ein M i n d e s t g e b o t eingeführt worden; die Verordnung vom 8. Okt. 1914 (s. S. 90 f.) bestimmt, daß bei der Versteigerung gepfändeter Sachen der Zuschlag nur auf ein Gebot erteilt werden darf, das mindestens die Hälfte des gewöhnlichen Verkaufswerts des Pfandes erreicht. Immerhin ist es für einen a n w e s e n d e n Schuldner möglich, den unter der Ungunst der Verhältnisse eintretenden Schaden zu verringern; der durch Kriegsdienst ferngehaltene Schuldner ist auch dieser Möglichkeit beraubt; die Aussetzung der Versteigerung soll sie ihm offen halten.

Ausgenommen werden:

1. gepfändetes Geld. Hier ist eine Ablieferung an den Gläubiger (§ 815 ZPO.) nach Abs. 2 Ziff. 1 ausdrücklich nicht ausgeschlossen worden; es bedurfte eiuer besonderen Hervorhebung, da das Geld zu den beweglichen körperlichen Sachen im Sinne der §§ 808 ff. ZPO. gehört und so an sich der Beschränkungsregel des Abs. 1 Ziff. 1 unterliegen würde;

2. im übrigen verbrauchbare Sachen (§ 92 BGB.) und solche Sachen, die durch ihre Beschaffenheit der Gefahr einer beträchtlichen Wertverringerung ausgesetzt sind oder deren Aufbewahrung unverhältnismäßig teuer ist. Hier besteht die Gefahr, daß eine Hinausschiebung des

Versteigerungstermines unter Umständen nicht nur nicht dem Interesse des Schuldners entspricht, sondern für ihn sogar eine schwere Schädigung bedeutet. In diesen Fällen kann die „Vollstreckungsbehörde" — ähnlich wie im § 930 Abs. 3 ZPO. — nach freiem Ermessen die Versteigerung des Pfandstücks usw. anordnen und zwar auf Antrag oder von Amts wegen. „Vollstreckungsbehörde" sind sowohl Gerichts- wie Verwaltungsbehörden (vgl. Bem. J S. 40). Gegen die Entscheidung des Gerichts, die ohne mündliche Verhandlung ergehen kann, findet in jedem Falle Beschwerde statt (§ 793 ZPO.).

Zulässig bleibt also in allen Fällen die Pfändung. Dies gilt sowohl für bewegliche körperliche Sachen, wie auch für Forderungen, namentlich Hypothekenforderungen, und andere Vermögensrechte, die nicht Gegenstand der Zwangsvollstreckung in das unbewegliche Vermögen sind (§ 857 ZPO.), wie z. B. Anteilsrechte an einer Gesellschaft, Reallasten, Patentrechte, Urheberrechte; zulässig bleibt auch die Überweisung und anderweite Verwertung gepfändeter Forderungen und der genannten anderen Vermögensrechte. Zu beachten ist nur, daß daneben die Vergünstigungen aus § 811 Nr. 7 und 8, sowie § 850 Abs. 1 Nr. 5 und 6 bestehen bleiben.

D. Die Zwangsvollstreckung in das unbewegliche Vermögen.

1. Die Versteigerung von Gegenständen des unbeweglichen Vermögens (§§ 864, 865 ZPO.) ist schlechthin ausgeschlossen; aber auch nur die Versteigerung selbst; zu den Gegenständen können auch Forderungen und bewegliche Sachen gehören (§ 865 ZPO., § 65 ZwG.). Mit diesem Verbot soll lediglich verhütet werden, daß während der Abwesenheit eines kriegsbeteiligten Schuldners Grundstücke verschleudert werden. Es ist daher das Verbot nur auf das Versteigerungsgeschäft selbst zu beschränken, also auf die Abhaltung des Versteigerungstermins und ev. auf die Erteilung des Zuschlags, so namentlich, wenn dessen Verkündung hinausgeschoben ist. Der Begriff der Versteigerung ist ganz eng zu fassen und darauf zu beschränken, daß er nur den eigentlichen Verwirklichungsakt der Beschlagnahme umschließt. (Zustimmend Güthe JMBl. S. 749.) Zulässig bleiben also alle Maßnahmen, die nicht unmittelbar die Versteigerung selbst herbeiführen, also die Anordnung und die Fortsetzung der Zwangsversteigerung, die Zwangsverwaltung und die Zwangseintragung einer Sicherungshypothek. Zweifel könnten wegen des Verteilungsverfahrens bestehen, das für den Schuldner vielleicht den wichtigsten Abschnitt in dem ganzen Verfahren bildet. Da das Verteilungsverfahren sich darstellt als Vollziehung des Zuschlagsbeschlusses, so müßte, wenn dieser

selbst untersagt ist, auch seine Vollziehung unzulässig erscheinen. Dem steht aber entgegen, daß das Verbot der „Versteigerung" nur einer Verschleuderung entgegentreten will, eine solche Gefährdung aber für das Verteilungsverfahren nicht mehr in Betracht kommt. Dazu kommt auch weiter, daß bei der Zwangsvollstreckung in das bewegliche Vermögen die Ablieferung von gepfändetem Gelde ausdrücklich gestattet ist; dementsprechend müßte auch die Verteilung des Erlöses zulässig sein (a. M. Güthe JMBl. S. 749).

Besondere Schwierigkeiten können eintreten, wenn der Schuldner in der Zeit zwischen dem Schluß der Versteigerung und der Erteilung des Zuschlagbeschlusses in ein Kriegsverhältnis tritt. Es liegt dann ein Fall der Ziff. 6 § 83 ZwG. vor. Wird keine Beschwerde eingelegt, so bleibt der Zuschlagsbeschluß wirksam.

2. Wegen der Möglichkeit der Hinausschiebung und der Vertagung von Versteigerungsterminen gemäß Abs. 2 § 36 ZVG. aus „besonderen Gründen" sei auf die JMV. vom 5. Aug. 1914 (JMBl. S. 661) S. 128 hingewiesen. Nach der Denkschrift zum ZVG. soll durch den Vorbehalt „besonderer Gründe" gerade eine dem Schuldner nachteilige Versteigerung zu ungelegener Zeit verhindert werden.

3. Wegen der Einstellung des Versteigerungsverfahrens auf die Dauer von längstens 3 Monaten s. Verordnung vom 7. Aug. 1914 (S. 73 ff.) und Bem. H (S. 39 f.), wegen der Bestellung von Zwangsverwaltern s. JMV. v. 3. XI. 14 (JMBl. S. 799) auf Seite 138.

E. Richtet sich eine Zwangsvollstreckung gegen das Vermögen der Frau und minderjährigen Kinder einer Kriegsperson, so finden nach dem 2. Abs. des § 5 die Beschränkungen der Nr. 1 und 2 ebenfalls Anwendung, insoweit durch die Zwangsvollstreckung die Vermögensrechte des Ehemanns oder der Eltern berührt werden. Der Grundgedanke ist auch hier — siehe A IV —, daß allein die Vermögensrechte der Kriegsperson und erst mittelbar diejenigen der Frau und Kinder schutzbedürftig erscheinen; daher werden freies Kindesvermögen und Vorbehaltsgut der Frau außer acht gelassen. Da das Gesetz auch ausdrücklich nur von Vermögens r e c h t e n der Kriegsperson spricht, so bleiben alle Pflichten, welche ihr etwa gegenüber dem Vermögen der Frau oder Kinder obliegen, außer Betracht. Steht also der Kriegsperson elterliche Nutznießung am Kindesvermögen zu, so wird die Vollstreckung in dasselbe, trotzdem nach § 1659 BGB., § 746 ZPO. kein Widerspruchsrecht gegeben ist, gleichwohl denselben Beschränkungen unterworfen wie eine Vollstreckung in das eigene Vermögen. Entsprechendes gilt hinsichtlich der Zwangsvollstreckung in das eingebrachte

Gut der Ehefrau. Insoweit das Vermögen der Frau bei dem gesetzlichen Güterstande der Verwaltung und Nutznießung, bei der Errungenschaftsgemeinschaft und der Fahrnisgemeinschaft als eingebrachtes Gut dem Recht des Mannes unterworfen ist, können die Gläubiger nur mit den Beschränkungen der Ziff. 1 und 2 die Vollstreckung betreiben. Dagegen steht bei den vertragsmäßigen Güterständen der allgemeinen Gütergemeinschaft, der Errungenschaftsgemeinschaft und der Fahrnisgemeinschaft das Gesamtgut beiden Eheleuten zur gesamten Hand zu; hier trifft eine Vollstreckung bereits unmittelbar eigenes Vermögen des Ehemannes, so daß hierfür die Einschränkung sich bereits unmittelbar aus Abs. 1 § 5 ergibt (vgl. A VI).

Wegen der Zwangsvollstreckung von Räumungsurteilen gegen Frauen und Kinder einer Kriegsperson s. Bem. III B zu § 2 und JMB. vom 26. Sept. 1914 (S. 717) auf S. 137.

F. Kommen Kriegspersonen des § 2 nicht als Schuldner, sondern als Gläubiger oder anderweit Berechtigte bei der Zwangsvollstreckung — sei es ins bewegliche oder unbewegliche Vermögen — in Frage, so berührt ihre Beteiligung grundsätzlich in keiner Weise den Gang der Vollstreckung; hiervon bestehen, sofern sie eines Vertreters ermangeln, jedoch zwei Ausnahmen, nämlich für das Verteilungsverfahren (§ 7 Nr. 2) und für die Zuschlagserteilung bei einem unzureichenden Meistgebot (§ 7 Nr. 3); vgl. daselbst.

Recht ungünstig ist die Lage des „Dritten" aus § 771 ZPO., des Widerspruchsklägers, falls er selbst im Felde ist, während der Schuldner, in dessen Gewahrsam sich das Pfandstück des „Dritten" befindet, nicht am Kriege teilnimmt. Hier wird der „Dritte" oft von der Pfändung nichts erfahren, da ihn Nachrichten nicht sicher erreichen. In diesen Fällen könnte nur die Anordnung einer Abwesenheitspflegschaft nach § 1911 BGB., die von Amts wegen zu erfolgen hat, helfen; die Schwierigkeit besteht nur darin, daß auch das Vormundschaftsgericht rechtzeitig von dem Bedarfsfall Kenntnis erhält (JW. 14 S. 789 sucht mit § 89 ZPO. zu helfen).

G. Was den Eigentumserwerb des Erstehers anlangt, so ist die Wirkung einer Verletzung des Versteigerungsverbots für das Fahrnisrecht anders zu beurteilen als für das Liegenschaftsrecht. Beiden Fällen ist nur das gemeinsam, daß die gesetzwidrig vorgenommene Versteigerung nicht eine Nichtigkeit des Vollstreckungsaktes zur Folge hat; denn die unrichtige Entscheidung des Staatsorgans — es handelt sich bei dem Gerichtsvollzieher und dem Versteigerungsrichter um die Prüfung einer materiellen Voraussetzung, nämlich, ob der Gegenstand der Versteigerung im Eigentum einer Kriegsperson steht — ist nicht ohne weiteres nichtig, sondern nur anfechtbar (vgl. Stein [11] ZPO. § 811 Bem. III).

Beim Fahrnisrecht wird man mit der herrschenden Meinung (RG. Bd. 61 S. 333; Wolff, Die Zwangsvollstreckung in eine dem Schuldner nicht gehörige bewegliche Sache 1905 S. 7) davon auszugehen haben, daß das Pfändungspfandrecht unter den Vorschriften des BGB., insbesondere §§ 1242—1244 steht. In analoger Anwendung des § 1243 Abs. 1 wird bei der außerordentlichen Bedeutung des Versteigerungsverbots, das den kriegsbehinderten Personen im weitesten Maße Schutz bis zu ihrer Rückkehr gewähren will, ein Verstoß gegen das Verbot die Veräußerung zu einer „nicht rechtmäßigen" machen; es treten dann hinsichtlich der Rechtsstellung des Erwerbers der Pfandsache die rechtlichen Folgen des § 1242 BGB. nicht ein, er erlangt also nicht das Eigentum. Jedoch kann der Mangel durch den guten Glauben des Erstehers nach Maßgabe des § 1244 BGB. geheilt werden, d. h. wenn der Ersteher über die Ordnungsmäßigkeit der Versteigerung und die Verfügungsmacht des Gerichtsvollziehers in gutem Glauben gewesen ist, insbesondere also nicht gewußt hat, daß das Eigentum der Pfandsache einer Kriegsperson zugestanden hat. (Im Ergebnis ebenso Levis Recht 14 S. 551.)

Im übrigen ist die Versteigerung, sofern sie noch nicht ganz durchgeführt ist, nur anfechtbar durch Erinnerung nach § 766 ZPO. und ev. Beschwerde nach § 793 ZPO.

Beim Liegenschaftsrecht, wo es an rechtsähnlichen Verhältnissen fehlt, ist daran festzuhalten, daß der Erwerb in der Zwangsversteigerung kein rechtsgeschäftlicher Erwerb ist (RG. Bd. 67 S. 382; 80 S. 351); der Ersteher erwirbt daher unabhängig von seinem guten oder bösen Glauben auf jeden Fall Eigentum. Im Falle eines Verstoßes gegen das Verbot ist Abhilfe nur durch rechtzeitige Anfechtung des Zuschlagbeschlusses mit der sofortigen Beschwerde möglich. Unterbleibt diese, so müssen die Beteiligten die daraus sich ergebende gesetzwidrige Gestaltung ihrer gegenseitigen Rechtsbeziehungen gegen sich gelten lassen; nachträgliche Abänderung im Prozeßwege ist ausgeschlossen (RG. Bd. 67 S. 383). Dies Ergebnis ist allerdings angesichts des Schutzes, dessen der kriegsbehinderte Schuldner bedarf, wenig befriedigend, aber gegenüber der allgemeinen Rechtslage geboten, die die Verhältnisse im Liegenschaftsrecht bedingen.

H. Endlich ist ein erweiterter Schutz für alle Vollstreckungsschuldner — ob Militärpersonen oder nicht — durch die Verordnung des Bundesrats vom 7. Aug. 1914 über die Bewilligung von Zahlungsfristen

(RGBl. S. 359) gegeben (vgl. hierzu Erlaß des Ministers für Handel und Gewerbe vom 11. Aug. 1914 im JMBl. S. 678 ff.), allerdings nur, soweit es sich um eine vor dem 31. Juli 1914 „entstandene", nicht notwendigerweise fällige Geldforderung handelt und eine Zahlungsfrist, wie sie sonst das Gesetz zuläßt, noch nicht bestimmt worden ist. Es muß sich in erster Reihe also um eine Geldforderung handeln, allerdings nicht um Forderungen öffentlich-rechtlicher Natur, wie Steuern und Abgaben. Nicht zutreffend erscheint es aber, wenn der Erlaß hierunter auch Forderungen auf Lieferung von Waren und dergl. begreift, insofern als solche Forderungen sich im Falle der Nichterfüllung in Geldforderungen verwandeln; zudem will der Erlaß dann im Wege einer rechtlich kaum zu begründenden Fiktion den Zeitpunkt der Verwandlung vor den 31. Juli 1914 legen, wenn die Warenforderung vor diesem Tage entstanden war (vgl. im übrigen Anm. 13 S. 77 f.).

Jeder Schuldner kann bei dem Vollstreckungsgericht die Einstellung auf die Dauer von längstens drei Monaten beantragen; die Anordnung der Einstellung ist zulässig, wenn die Lage des Schuldners sie rechtfertigt und die Einstellung dem Gläubiger nicht einen unverhältnismäßigen Nachteil bringt. Die Einstellung kann für den Gesamtbetrag oder einen Teilbetrag der Forderung erfolgen, auch von der Leistung einer Sicherheit abhängig gemacht werden. Die tatsächlichen Behauptungen, die den Antrag begründen, sind glaubhaft zu machen, insbesondere die Gründe für einen Zahlungsaufschub. Die Entscheidung liegt ganz in der Hand des Vollstreckungsgerichts. Gedacht ist namentlich an die Fälle, daß ein Schuldner dadurch in Not gerät, daß er seinerseits nicht imstande ist, die ihm geschuldeten Beträge einzutreiben. Dabei darf aber nicht übersehen werden, daß die einem Schuldner gewährte Zahlungsfrist wieder dessen Gläubiger in eine Zwangslage bringen kann (vgl. im übrigen S. 82 f.).

Einen noch weitergehenden Schutz gewährt die Verordnung des Bundesrats vom 8. Aug. 1914 (RGBl. S. 363) betreffend die Anordnung einer Geschäftsaufsicht zur Abwendung des Konkursverfahrens. Vgl. Näheres Bem. V zu § 6 (S. 44). Während der Dauer der Geschäftsaufsicht sind Arreste und Zwangsvollstreckungen ganz allgemein ausgeschlossen, nur einzelne im § 9 bezeichnete Gläubiger dürfen die Vollstreckung betreiben, dazu gehören die Liedlöhner, sowie das Reich, der Staat und die Gemeinden (vgl. im übrigen S. 98).

I. Da der § 5 eine dem § 2 entsprechende Beschränkung auf das Verfahren bei bestimmten Behörden nicht enthält, gelten die Vorschriften des § 5 auch für das von den Verwaltungsbehörden innerhalb ihrer Zuständigkeit betriebene Zwangsvollstreckungsverfahren; an Stelle des Gerichtsvollziehers und des Vollstreckungsgerichts treten alsdann die mit den gleichartigen Amtsverrichtungen betrauten Beamten und Behörden (Begr.).

§ 6.

Die Eröffnung des Konkursverfahrens über das Vermögen der im § 2 bezeichneten Personen ist nur auf deren Antrag zulässig.

Ist das Konkursverfahren über das Vermögen einer solchen Person eröffnet, so kann das Konkursgericht auf den Antrag des Gemeinschuldners die Aussetzung des Verfahrens anordnen.

Die Aussetzung hört auf:

1. mit der Beendigung des Kriegszustandes;
2. vor diesem Zeitpunkt mit einem die Fortsetzung des Verfahrens anordnenden Beschlusse des Gerichts. Der Beschluß erfolgt auf den Antrag des Gemeinschuldners oder nach Anhörung desselben auf den Antrag des Verwalters oder eines Konkursgläubigers. Die Fortsetzung des Verfahrens ist anzuordnen, wenn sie vom Gemeinschuldner oder nach Ablauf der im § 4 Abs. 2 festgesetzten Frist vom Verwalter oder von einem Konkursgläubiger beantragt wird.

Der die Aussetzung und der die Fortsetzung des Verfahrens anordnende Beschluß sowie der Grund der Anordnung sind öffentlich bekannt zu machen.

I. Der Paragraph regelt die Eröffnung und die Fortsetzung — auch schon zur Zeit der Verkündung des Gesetzes bestehender — Konkurse, falls der Gemeinschuldner zu den Kriegspersonen des § 2 gehört. Ist eine Kriegsperson gesetzlicher Vertreter eines prozeßunfähigen Gemeinschuldners, so ist dies nach der ausdrücklichen Ausnahmevorschrift des § 9 ohne Einfluß auf den Gang des Verfahrens.

Wegen Behinderung des Konkursverwalters und Beschlußunfähigkeit des Gläubigerausschusses siehe JMB. v. 20. Aug. 1914 (JMBl. S. 688) auf S. 134.

Die Eröffnung des Konkursverfahrens wird nur auf den Antrag des Gemeinschuldners zugelassen. Hierin liegt ein schwerer Eingriff in die Rechte des Gläubigers, über dessen Tragweite sich aber der Gesetzgeber klar war, insbesondere ist ihm nicht entgangen, daß die damit verbundene Beschränkung des Anfechtungsrechts (§§ 31—33 KO.) unter Umständen erhebliche Nachteile für die Gläubiger haben wird. Die Abwägung der entgegenstehenden Interessen führte zu einer Entscheidung in favorem debitoris, da der Konkurs in seine Rechtslage so außerordentlich tief eingreift, bei weitem tiefer als die Zwangsvollstreckung.

II. Die Fortsetzung eines anhängigen Konkursverfahrens, die gleichfalls unter Umständen mit unbilligen Härten für den zum Kriegsdienst einberufenen Gemeinschuldner verknüpft sein kann, kann durch alleinigen Antrag des Schuldners sistiert werden; das Gericht ist befugt, nach freiem Ermessen („kann") die Aussetzung des Verfahrens anzuordnen. Jedes anhängige Konkursverfahren kann ausgesetzt werden, gleichviel, ob es vor der Verkündung des Gesetzes, also vor dem 4. Aug. 1914 oder vor der Begründung des nach § 2 maßgebenden Verhältnisses oder selbst später gemäß der Vorschrift in § 6 Abs. 1 auf den Antrag des Gemeinschuldners eröffnet worden ist. Der Beschluß über die Aussetzung ist nebst Grund öffentlich bekannt zu machen (§ 4 Abs. 6).

III. Die Aussetzung hört auf:

a) mit der Beendigung des Kriegszustandes (vgl. § 11). Die Aussetzung ist mit dem Ablauf des Zustandes ohne weiteres beendet; ein die Aussetzung aufhebender Beschluß ist nicht erforderlich;

b) oder schon vorher, also während des Kriegszustandes, wenn ein Beschluß des Gerichts die Fortsetzung des ausgesetzten Verfahrens anordnet. Der Beschluß erfolgt nur auf Antrag, und zwar sind antragsberechtigt der Gemeinschuldner, der Konkursverwalter und jeder Konkursgläubiger. Die Anträge können jederzeit gestellt werden. Geht der Antrag vom Schuldner aus, so ist die Anordnung stets und zwar ohne weiteres zu erlassen. Geht der Antrag von dem Verwalter oder einem Gläubiger aus, so ist zunächst der Gemeinschuldner zu hören; im übrigen ist zu unterscheiden:

1. Ist der Gemeinschuldner zur Zeit der Stellung des Antrages bereits aus dem nach § 2 maßgebenden Kriegsverhältnis ausgeschieden, und ist seitdem mindestens ein Monat verstrichen, so muß dem Antrage

stattgegeben werden. Die Feststellung des Ausscheidens wird durch Nachfrage bei der Militär- oder Polizeibehörde erfolgen und wird oft nicht weiter auf Schwierigkeiten stoßen, da der Gemeinschuldner stets gehört werden muß (nicht „soll"), also auch über sein Militärverhältnis Auskunft zu geben hat.

2. In allen anderen Fällen, also so lange das Kriegsverhältnis aus § 2 besteht, oder soweit es gelöst ist, aber noch nicht ein Monat seitdem verstrichen ist, liegt die Entscheidung über den Antrag im freien Ermessen des Gerichts.

Der Beschluß über die Fortsetzung des Verfahrens sowie der Grund der Anordnung sind öffentlich bekannt zu machen.

IV. Die Frage nach der Wirkung der „Aussetzung des Konkursverfahrens" begegnet mangels gesetzlicher Festlegung einigen Schwierigkeiten. Die die Aussetzung des Verfahrens regelnden Vorschriften der ZPO. (§ 249), auf die zurückzugehen schon nach § 72 KO. nahe liegt, passen in ihrer Art nicht für das Konkursverfahren; an Bestimmungen über Vermögensverwaltungen fehlt es ganz. Immerhin ergibt sich aus einer entsprechenden Anwendung, daß die Aussetzung nicht eine Aufhebung des Verfahrens ist, daß also insbesondere der Konkursverwalter seine Stellung beibehält, und dem Gemeinschuldner sein Verfügungsrecht entzogen bleibt; auch Einzelvollstreckungen in das zur Konkursmasse gehörige Vermögen bleiben unzulässig (§ 11 KO.; § 5 V. über die Geschäftsaufsicht). Vgl. Glaser DJZ. 14 S. 1078; Levis Recht 14 S. 552; auch Hallbauer ebenda S. 582 f. Im übrigen kommt grundsätzlich das Konkursverfahren zum Stillstand; nur wird die völlige Einstellung der Tätigkeit des Konkursgerichts und des Konkursverwalters, sowie der anderen mitwirkenden Faktoren insofern eine Ausnahme erleiden müssen, als die Erledigung unaufschiebbarer Geschäfte in Frage kommt (so Glaser a. a. O. und auch zum Teil Levis a. a. O.). Dagegen geht es zu weit, wollte man eine Fortsetzung der laufenden Verwaltung des Konkursvermögens oder die Ausführung von Handlungen, die dem mutmaßlichen Willen des Gemeinschuldners entsprechen, zulassen (so die Genannten; s. auch v. Harder JW. 14 S. 990).

Die trotz der Aussetzung erfolgten Maßnahmen sind, soweit sie nach vorstehendem nicht gestattet erscheinen, unwirksam in dem Sinne, daß sie von dem Gemeinschuldner oder von den sonstigen Beteiligten angefochten werden können.

Endlich sei noch bemerkt, daß die Aussetzung des Verfahrens nicht etwa auch die Aussetzung der Rechtsstreitigkeiten der Konkursmasse zur Folge hat; für diese Prozesse kommt nur in Frage, ob der Konkursverwalter zu den Kriegspersonen des § 2 gehört; vgl. hierzu Bem. III B zu § 2 S. 23.

V. Eine neue Einrichtung zur Abwendung des Konkurses führt, und zwar allgemein, nicht bloß für Militärpersonen, die Verordnung des Bundesrats vom 8. Aug. 1914 betreffend die Anordnung einer Geschäftsaufsicht zur Abwendung des Konkursverfahrens ein (RGBl. S. 363; vgl. auch den Erlaß des Ministers für Handel und Gewerbe vom 11. Aug. 1914, JMBl. S. 678); es ist dies die Anordnung einer Geschäftsaufsicht. „Wer — gleichviel, ob Kaufmann oder nicht — infolge des Krieges zahlungsunfähig geworden ist", kann beim Konkursgericht die Anordnung einer Geschäftsaufsicht beantragen (§ 1). Die Zahlungsstockung muß ohne Verschulden des Schuldners ausschließlich durch den „Krieg" verursacht sein, eine Feststellung, die in den wenigsten Fällen wohl einwandfrei getroffen werden kann, schon deshalb nicht, weil wohl selten die Mitwirkung oder der Einfluß anderer als kriegerischer Ereignisse sich scharf genug wird abgrenzen lassen. Mit dem Antrag ist ein Verzeichnis der Gläubiger und eine Übersicht des Vermögensstandes, bei Kaufleuten auch die letzte Bilanz einzureichen. Dem Antrage muß stattgegeben werden, wenn die Behebung der Zahlungsunfähigkeit nach Beendigung des Krieges in Aussicht genommen werden kann, eine äußerst dehnbare Voraussetzung, für die einigermaßen sichere Grundlagen zu beschaffen, schwer halten wird. Mit der Anordnung der Geschäftsaufsicht wird das Geschäft unter Aufsicht gestellt; die Aufsicht wird durch gerichtlich bestellte Personen ausgeübt. Diese Aufsichtspersonen haben die Geschäftsführung des Schuldners nicht nur zu überwachen, sondern auch zu unterstützen, insbesondere dafür zu sorgen, daß das Vermögen den Gläubigern erhalten bleibt. Die Erträgnisse des Geschäfts sollen zur Befriedigung der Gläubiger verwendet werden; dabei bestimmen die Aufsichtspersonen Umfang und Reihenfolge der Befriedigung nach billigem Ermessen. Während der Dauer der Aufsicht ist eine Eröffnung des Konkursverfahrens ausgeschlossen, ebenso sind Arreste und Zwangsvollstreckungen wegen solcher Forderungen, die unter das Verfahren fallen, ausgeschlossen. Der Schuldner darf nur solche Verbindlichkeiten eingehen, die zur Fortführung des Geschäfts oder zu einer bescheidenen Lebensführung für sich und seine Familie erforderlich sind; im übrigen bedarf er der Zustimmung der Aufsichtspersonen. Vor allem ist ihm untersagt — allerdings nur Sollvorschrift —, ohne Zustimmung der Aufsichtspersonen unentgeltliche Verfügungen, sowie Verfügungen über Grundstücke und Rechte an Grundstücken vorzunehmen und Ansprüche zu befriedigen oder sicherzustellen. Handelt der Schuldner diesem Verbot zuwider oder liegen sonstige wichtige Gründe vor, so kann das Gericht das Verfahren aufheben; alsdann kann jeder Gläubiger die Zwangsvollstreckung betreiben und die Eröffnung des Konkursverfahrens beantragen. Alle Entscheidungen des Gerichts sind unanfechtbar. Öffentliche Bekanntmachungen über die Anordnung der Aufsicht erfolgen nicht, so daß eine Schädigung der Ehre oder des Kredits in der breiteren Öffentlichkeit nicht zu befürchten steht.

Von dem Verfahren werden im § 9 eine Reihe von Forder ngen nicht betroffen, die also zu befriedigen sind und wegen deren auch die Zwangsvollstreckung zulässig bleibt. Es sind dies Ansprüche aus Geschäften, die der Schuldner nach Anordnung des Verfahrens befugterweise abgeschlossen hat, ferner Steuern und andere öffentliche Abgaben, sowie Löhne und Gehälter; ebenso werden Gläubiger, die für ihre Forderungen ein Pfandrecht besitzen, durch die Anordnung der Aufsicht nicht gehindert, sich aus dem Pfande für ihre Forderung zu befriedigen; doch kann ihnen hier, wenn die Forderung vor dem 31. Juli 1914 entstanden ist, der Schuldner gemäß der Verordnung über die gerichtliche Bewilligung von Zahlungsfristen entgegentreten.

Endlich sei noch hervorgehoben, daß die Geschäfte, welche Dritte, gleichviel ob in oder ohne Kenntnis der Anordnung, mit dem Schuldner schließen, nicht etwa ungültig oder anfechtbar sind; nur läuft der Schuldner, der den Anordnungen der Aufsicht zuwider handelt, Gefahr, daß das Gericht das Verfahren aufhebt.

Im übrigen s. auch S. 94 ff.

VI. In diesem Zusammenhange ist auch noch die Verordnung vom 8. Aug. 1914, betreffend die zeitweise Außerkraftsetzung einzelner Vorschriften des Handelsgesetzbuchs usw. (RGBl. S. 365), zu erwähnen. Die Vorstände, Geschäftsführer und Liquidatoren von Aktiengesellschaften, Kommanditgesellschaften auf Aktien, Gesellschaften mit beschränkter Haftung und eingetragenen Genossenschaften sind nach bisherigem Recht unter Androhung von Schadensersatzverpflichtung und Strafen verpflichtet, bei Eintritt der Zahlungsunfähigkeit der Gesellschaft oder Genossenschaft sofort die Eröffnung des Konkurses zu beantragen. Mit Rücksicht darauf, daß diese unbedingte Verpflichtung bei einer durch die kriegerischen Ereignisse veranlaßten vorübergehenden Zahlungsschwierigkeit zu unnötiger Beunruhigung und zu der Gefahr von Verlusten führen könnte, hat der Bundesrat diese Verpflichtung „bis auf weiteres" außer Kraft gesetzt (s. auch S. 100).

§ 7.

Die Eröffnung und die Fortsetzung eines Konkurs-, Aufgebots- oder Verteilungsverfahrens sowie die Anordnung und die Fortsetzung einer Zwangsversteigerung oder Zwangsverwaltung von Gegenständen des unbeweglichen Vermögens wird, unbeschadet der Vorschriften in den §§ 5, 6, durch die Beteiligung der im § 2 bezeichneten Personen als Gläubiger oder anderweit Berechtigte nicht berührt. Es gelten jedoch hierbei folgende Bestimmungen:

1. Ist gegen diese Personen ein Versäumnis- oder ein Ausschlußurteil ergangen oder sind sie infolge ihrer Abwesenheit sonstwie als säumig behandelt oder mit ihren Rechten ausgeschlossen worden, so können sie binnen sechs Monaten nach Beendigung des Kriegszustandes oder des nach § 2 maßgebenden Verhältnisses, soweit es in dem Verfahren noch möglich ist, die versäumten Handlungen nachholen und ihre Ansprüche geltend machen oder, soweit dies nicht mehr möglich ist, von demjenigen, zu dessen Gunsten die Rechtsänderung eingetreten ist, die Herausgabe des erlangten Vorteils nach den Vorschriften über die Herausgabe einer ungerechtfertigten Bereicherung verlangen.

   Ist ein Recht von einer der im § 2 bezeichneten Personen angemeldet oder ist anzunehmen, daß ein solches ihr zusteht, so wird ihr dasselbe in der betreffenden Entscheidung oder Verfügung ausdrücklich vorbehalten.

2. Ergibt sich bei einer vorzunehmenden Verteilung, daß eine solche Person eine bei der Verteilung zu berücksichtigende Forderung angemeldet hat, oder daß eine derartige Forderung ihr mutmaßlich zusteht, so muß bei der Verteilung so verfahren werden, als wenn die

Forderung und das für sie in Anspruch genommene oder anscheinend begründete Vorrecht endgültig festgestellt wäre. Die auf die Forderung fallenden Beträge sind zu hinterlegen.

3. Ergibt sich bei der Zwangsversteigerung eines Gegenstandes des unbeweglichen Vermögens nach Beendigung der Versteigerung, daß eine der im § 2 bezeichneten Personen wegen einer Forderung, für welche die Zwangsversteigerung betrieben wird oder der Gegenstand der Zwangsversteigerung dinglich haftet oder die ein Recht auf Befriedigung aus dem Grundstück gewährt oder wegen einer Grundschuld oder einer Rentenschuld durch das Meistgebot nicht gedeckt wird, so kann der Zuschlag versagt und ein neuer Versteigerungstermin bestimmt werden, sofern die Umstände die Annahme begründen, daß ein höheres, zur gänzlichen oder teilweisen Befriedigung genügendes Gebot erfolgen werde.

4. Die Bestimmungen unter Ziffer 1—3 gelten nicht zugunsten derjenigen Personen, welche einen zur Wahrnehmung ihrer Rechte berufenen Vertreter haben.

Der vorliegende Paragraph will die Kriegspersonen des § 2 in ihrer Eigenschaft als Gläubiger oder anderweit Berechtigte — im Gegensatz zu den §§ 5 und 6, die den Schutz des Schuldners bezwecken — nach Möglichkeit gegen die Nachteile sichern, die im Konkurs-, Aufgebots- und Verteilungsverfahren, sowie bei einer Zwangsversteigerung und Zwangsvollstreckung ihnen bei nicht rechtzeitiger Anmeldung und Verfolgung ihrer Rechte erwachsen.

Grundsätzlich wird durch die Beteiligung von Kriegspersonen als Gläubiger oder sonstige Berechtigte an einem der bezeichneten Verfahren eine Hemmung desselben nicht herbeigeführt. Vielmehr beschränkt sich das Gesetz darauf, für die Fälle einer nicht rechtzeitigen Verfolgung oder Anmeldung von Ansprüchen nur die Folgen der Säumnis sowie den Eintritt eines Rechtsverlustes nach Möglichkeit zu hindern oder hinauszuschieben.

Die Vergünstigungen für die Gläubiger sind auf ganz bestimmte Fälle begrenzt und in den Ziff. 1—3 näher umschrieben. Sie werden aber nur den unvertretenen Personen gewährt; diejenigen, welche einen „berufenen", d. h. gesetzlichen oder gewählten Vertreter haben, sind von den Vorteilen ausgeschlossen (Ziff. 4). Dabei besteht aber nach § 9 die Ausnahme, daß, falls der Vertreter ein gesetzlicher Vertreter einer prozeßunfähigen natürlichen Person und außerdem Kriegsperson ist, dem Vertretenen die Vorteile zustehen.

I. Zu Ziff. 1. Im Falle eines Versäumnis- oder Ausschlußurteils, sowie einer sonstigen Säumnisbehandlung oder Rechtsausschließung steht den davon betroffenen Kriegspersonen das Recht zu:

„soweit es in dem Verfahren noch möglich ist",

die versäumten Handlungen nachzuholen und die Ansprüche geltend zu machen;

oder aber, soweit dies nicht mehr möglich ist, die Bereicherungsklage gegen denjenigen zu erheben, zu dessen Gunsten die Rechtsänderung eingetreten ist, d. h. der zu ihrem Nachteile einen Vorteil erlangt hat.

Es handelt sich nicht um ein Wahlrecht, sondern um zwei selbständige Rechte, die lediglich davon abhängen, ob die Lage des Verfahrens noch eine Geltendmachung der Ansprüche gestattet oder nicht; erst bei Verneinung der Möglichkeit sind die Betroffenen auf die Klage angewiesen.

Für die Ausübung beider Rechte besteht eine Ausschlußfrist von sechs Monaten, beginnend mit der Beendigung des Kriegszustandes (§ 11) oder mit der Lösung des Kriegsverhältnisses aus § 2.

Ist ein Recht von der Kriegsperson angemeldet oder ist sonst irgendwie aus den Umständen, insbesondere nach Lage der Akten anzunehmen, daß ihr ein solches Recht zusteht, so hat ein ausdrücklicher Vorbehalt in der Entscheidung, zu der auch jede Verfügung zählt, zu ergehen.

II. Die Ziff. 2 bezieht sich nur auf das Verteilungsverfahren und zwar sowohl bei der Zwangsvollstreckung in das bewegliche Vermögen (§§ 872 ff. ZPO.) als auch bei der Zwangsvollstreckung in das unbewegliche Vermögen (§§ 105 ff., § 156 ZwG.). Das Gesetz unterscheidet dabei, ob eine Kriegsperson eine bei der Verteilung zu berücksichtigende Forderung angemeldet hat, oder nicht. Im ersten Falle genügt die bloße Anmeldung und Behauptung eines Vorrechts zur endgültigen Feststellung der Forderung nebst dem behaupteten Vorrecht; zu einem Widerspruchsverfahren kommt es nicht weiter. Im andern Falle hat das Gericht die Pflicht, von Amts wegen zu prüfen ob trotzdem Anmeldungen nicht vorliegen, etwaige Forderungen von Kriegspersonen vorhanden sein könnten, die zu berücksichtigen wären; die Prüfung hat nach Lage der Akten zu geschehen, es kommt aber auch sonst jede Kenntnis in Betracht. Ist hiernach die Annahme gerechtfertigt, daß eine solche Forderung voraussichtlich besteht, so ist sie nebst dem mutmaßlichen Vorrecht als endgültig festgestellt zu erachten. In beiden Fällen werden die Beträge, die auf die so festgestellte Forderung fallen, nicht ausgezahlt, sondern sind zu hinterlegen.

III. Ziff. 3 gestattet die Versagung des Zuschlags bei einem unzureichenden Meistgebot. Ein Hauptfall ist, daß durch das Meistgebot eine beteiligte Kriegsperson, weil ihre Hypothek ausfallen würde, geschädigt wird. Es handelt sich hierbei nur um Grundstücke, die nicht im Eigentum einer Kriegsperson oder der Ehefrau oder eines Kindes einer Kriegsperson stehen, da sonst die Versteigerung nach Ziff. 2 § 5 unzulässig wäre.

Nach „Beendigung" der Versteigerung oder richtiger nach dem „Schlusse" der Versteigerung, wie er sich aus den §§ 73, 74 ZwG. ergibt, tritt an das Gericht die Aufgabe, das Ergebnis der Versteigerung unter Anhörung aller anwesenden Beteiligten nach der Richtung zu prüfen, inwiefern bestimmte Forderungen der am Verfahren beteiligten Kriegspersonen in dem Meistgebot Deckung finden oder nicht. Ist das Ergebnis positiv, so ist der Zuschlag zu erteilen. Ist es negativ, die Höhe des Meistgebots also unzureichend, so hat das Gericht weiter zu prüfen, ob unter Berücksichtigung aller in Betracht kommenden Umstände bei einer künftigen erneuten Versteigerung ein höheres Gebot zu erzielen ist, das zu einer gänzlichen oder doch teilweisen Befriedigung der fraglichen Forderungen genügt. Da in Kriegszeiten der Wert der Grundstücke erheblich sinkt, auch die Zahl der Kauflustigen erfahrungsgemäß gering ist, wird in der Regel die Annahme eines besseren Gebots in der Zukunft wohl begründet sein. In diesen Fällen „kann", also nach freiem Ermessen, das Gericht den Zuschlag versagen und einen neuen Versteigerungstermin bestimmen; an sich kann in diesem nach dem Wortlaut abermals der Zuschlag, wenn sonst die Voraussetzungen vorliegen, versagt und ein weiterer Versteigerungstermin anberaumt werden; eine zu häufige Wiederholung wird aber das freie Ermessen des Gerichts zu hindern wissen. Ist dagegen die Annahme eines höheren Gebots nicht gerechtfertigt, so ist der Zuschlag zu erteilen; wegen der Beschwerde nach § 97 ZwG. wird es sich empfehlen, im Beschluß die Gründe anzugeben, die dazu geführt haben, den Zuschlag **nicht** zu versagen.

Geschützt werden in dieser Weise:

a) eine Forderung, für welche die Zwangsversteigerung betrieben wird. Dies kann eine durch Hypothek gesicherte Forderung, aber auch eine einfache persönliche Forderung sein;

b) eine Forderung, für welche der Gegenstand der Zwangsvollstreckung dinglich haftet; in erster Reihe also Hypothekenforderungen, es fallen aber auch hierunter Forderungen, für welche ein Schiffspfandrecht besteht;

c) eine Forderung, die ein Recht auf Befriedigung aus dem Grundstücke gewährt, z. B. die Forderung der Liedlöhner gemäß § 10 Ziff. 2 ZwG.;

(Im Gesetzestext fehlt offenbar ein Komma hinter „gewährt".)

d) eine Grundschuld; e) eine Rentenschuld.

IV. Alle vorstehenden Vergünstigungen gelten nicht für diejenigen, die einen Vertreter haben; siehe oben.

§ 8.

Die Verjährung ist gehemmt zugunsten der im § 2 bezeichneten Personen und ihrer Gegner bis zur Beendigung des Kriegszustandes oder des nach § 2 maßgebenden Verhältnisses.

Das Gleiche gilt von den gesetzlich für die Beschreitung des Rechtswegs vorgeschriebenen Ausschlußfristen sowie von den Fristen, auf welche die Vorschriften des § 203 des Bürgerlichen Gesetzbuchs ganz oder teilweise entsprechende Anwendung finden.

Der vorliegende Paragraph ordnet das Ruhen der Verjährung an. Der Abs. 1 bezieht sich auf die Anspruchsverjährung, der Abs. 2 auf die Präklusivfristen.

I. Es tritt eine „Hemmung" der Verjährung ein, also nicht etwa eine Unterbrechung. Die Hemmung hindert sowohl den Beginn als auch das Weiterlaufen der Verjährung. Nach Beseitigung des Hemmungsgrundes läuft die gehemmte Verjährung weiter, so daß die bis zur Hemmung abgelaufene Zeit einzurechnen ist (§ 205 BGB.).

II. Hemmungsgrund ist nach dem Sinne des Abs. 1 das Bestehen eines nach § 2 maßgebenden Kriegsverhältnisses. Die Hemmung beginnt daher stets erst mit der Begründung dieses Verhältnisses, also frühestens mit der Verkündung des Gesetzes am 4. August 1914, wenn in diesem Zeitpunkt das Verhältnis bereits eingetreten ist, andernfalls erst später mit dem Zeitpunkt, in welchem jeweilig das Verhältnis zustande kommt. Ebenso hört die Hemmung mit der jeweiligen Lösung des Verhältnisses, z. B. einer vorzeitigen Entlassung oder Rückstellung, spätestens aber mit der Beendigung des Kriegszustandes (vgl. § 11) auf. Von diesem Zeitpunkt läuft die vor der Hemmung begonnene Verjährung fort, bezw. kann eine bis dahin in ihrem Beginn gehemmte neue Verjährung einsetzen.

III. Die Hemmung tritt nicht nur zugunsten der Kriegspersonen des § 2 und der von ihnen gesetzlich vertretenen prozeßunfähigen natürlichen Personen (§ 9), sondern auch zugunsten ihrer Gegner ein. (Darüber, daß gleichwohl unter Umständen eine Klageerhebung gegen eine Kriegsperson — die m. E. an sich unzulässig ist — angebracht erscheint, um auch eine Unterbrechung der Verjährung herbeizuführen, s. Bendix in JW. 14 S. 824). Für alle übrigen Personen ist nicht Vorsorge getroffen; dieser Mangel wird bei den kurzen Verjährungsfristen häufig schwer empfunden werden.

IV. Nach Abs. 2 werden den Verjährungsfristen bestimmte Ausschlußfristen gleichgestellt. Während des aus Abs. 1 sich ergebenden Zeitraumes sollen auch die gesetzlich für die Beschreitung des Rechtsweges vorgeschriebenen Ausschlußfristen, sowie die Fristen, auf welche die Vorschriften des § 203 BGB. Anwendung finden, nicht laufen. Bei den letzten macht es keinen Unterschied, ob die Anwendung des § 203 ganz oder nur teilweise vorgeschrieben ist. Es kommen in Frage die §§ 124 Abs. 2, 210, 212 Abs. 2, 215 Abs. 2, 802, 1002 Abs. 2, 1339 Abs. 3, 1571 Abs. 4, 1594 Abs. 3, 1599, 1944 Abs. 2, 1954 Abs. 2, 1997, 2082 Abs. 2, 2283 Abs. 2 BGB.; § 41 Abs. 1 Satz 2 KO.; § 12 Abs. 1 AnfGes.

V. Daß daneben der Hemmungsgrund des § 203 BGB. schlechthin und zwar allgemein nicht bloß für die Kriegspersonen besteht, sei nur der Vollständigkeit wegen hervorgehoben.

VI. Wegen der Verlängerung der Fristen des Wechsel- und Scheckrechts siehe Gesetz über die Ermächtigung des Bundesrats usw. vom 4. Aug. 1914 (RGBl. S. 327), Verordnungen vom 6. Aug. 1914 (RGBl. S 357), 7. Aug. 1914 (RGBl. S. 361), 29. Aug. 1914 (RGBl. S. 387), 8. Sept. 1914 (RGBl. S. 399), 24. Sept. 1914 (RGBl. S. 413) und 22. Okt. 1914 (RGBl. S. 449), wegen der Fälligkeit von Auslandwechseln siehe Verordnungen vom 10. Aug. 1914 (RGBl. S. 368) und 22. Okt. 1914

VII. Besonderes gilt noch für Personen, die im Ausland ihren Wohnsitz haben, sowie von juristischen Personen, die im Ausland ihren Sitz haben. Nach den Verordnungen vom $\frac{\text{7. Aug.}}{\text{22. Okt.}}$ 1914 (RGBl. S. 360) können sie vermögensrechtliche Ansprüche, die vor dem 31. Juli 1914 entstanden sind, bis zum 31. Januar 1915 vor inländischen Gerichten nicht geltend machen. Der § 203 BGB. kann hier nicht helfen. Gleichwohl kann der Ausschluß der Rechtsverfolgung nicht unberücksichtigt bleiben; es muß vielmehr die Verjährung der betroffenen Ansprüche gehemmt sein (vgl. auch Motive z. Entw. eines BGB. Bd. I S. 313). Dagegen kommt die gerichtliche Bewilligung von Zahlungsfristen, wie sie die Verordnung vom 7. Aug. 1914 (RGBl. S. 359) vorsieht, und die einem Moratorium gleicht, insofern für die hemmende Verjährung nicht weiter in Betracht, als die Zahlungsfrist stets nur in Verbindung mit dem Erlaß eines Urteils zulässig und insoweit bereits eine Unterbrechung der Verjährung eingetreten ist; insbesondere enthält schon die Ladung von seiten des Schuldners zur Erlangung einer Zahlungsfrist (§ 2) eine Unterbrechung der Verjährung (§ 208 BGB.).

§ 9.

Die Bestimmungen dieses Gesetzes, mit Ausnahme der in den §§ 5, 6 enthaltenen Vorschriften, finden entsprechende Anwendung auf diejenigen natürlichen Personen, welche durch eine im § 2 bezeichnete Person gesetzlich vertreten werden, sofern sie nicht prozeßfähig sind.

Soll eine solche Person verklagt oder soll der Rechtsstreit gegen sie fortgesetzt werden, so kann ihr der Vorsitzende des Prozeßgerichts, falls mit dem Verzuge Gefahr verbunden ist, auf Antrag einen besonderen Vertreter bestellen. Ist der Rechtsstreit bei der Bestellung des besonderen Vertreters bereits anhängig, so endet mit der Bestellung desselben die Unterbrechung des Verfahrens. Der besondere Vertreter ist zu dem Antrag auf Aussetzung des Verfahrens nicht befugt.

Der vorliegende Paragraph regelt die Fälle, in denen eine Kriegsperson des § 2 gesetzlicher Vertreter einer nicht prozeßfähigen natürlichen Person ist.

Entscheidend ist nur das Kriegsverhältnis in der Person des Vertreters; ob auch der Vertretene zu den Kriegspersonen gehört, ist ohne Bedeutung.

I. Der Vertreter muß gesetzlicher Vertreter sein. Als Vertretene kommen ausschließlich natürliche Personen, die zudem prozeßunfähig sein müssen, in Frage. Im wesentlichen handelt es sich also um die Vertretung durch den Vater, Vormund und Pfleger. Einen einschneidenden Einfluß gewinnt hier aber § 1685 BGB.; danach geht, wenn der Vater an der Ausübung der elterlichen Gewalt *tatsächlich* — gleichviel, ob dauernd oder vorübergehend —, also auch durch die Einberufung zum mobilen Heere, verhindert ist, die Ausübung der elterlichen Gewalt auf die Mutter über; infolgedessen wird auch die *gesetzliche* Vertretung des Kindes in dieser Zeit *ausschließlich* von der Mutter ausgeübt. Mit dem Fortfall der Vertretungsmacht des Vaters ist für eine Anwendung der Vorschriften des § 9 kein Raum mehr. Natürlich sind Fälle denkbar, in denen der Vater trotz Bestehens eines Kriegsverhältnisses aus § 2 in der Lage ist, die elterliche Gewalt auszuüben. Dies ist eben Tatfrage. In einem solchen Fall bleibt seine Vertretungsmacht bestehen, und damit auch die Anwendbarkeit des § 9.

Soweit der Vertretene eine beschränkte Prozeßfähigkeit besitzt, wie z. B. in den Fällen der §§ 112, 113 BGB., fällt auch die Vertretung durch die Kriegsperson fort und damit die Anwendung der Vorschriften dieses Gesetzes.

Im Hinblick auf die besondere Hervorhebung der „natürlichen" Personen erscheint eine Ausdehnung auf *juristische* Personen im Wege der Analogie unzulässig. Die Nichterwähnung der juristischen Personen beruht nicht auf einem Versehen, sondern ist offenbar gewollt, denn nichts hätte gerade an dieser Stelle näher gelegen, als die Vertretung der *nicht natürlichen* Personen mitzuregeln, wenn man für sie besondere Schutzmaßregeln als erforderlich erachtet hätte. Vermutlich ist man davon ausgegangen, daß die Vertretung bei ihnen in der Hand mehrerer liegt, von denen einer wohl stets in der Lage sein wird, ihre Rechte wahrzunehmen. Vgl. im übrigen Bem. II 1 zu § 2 S. 14.

II. Geltung haben alle Vorschriften mit zwei Ausnahmen; die §§ 5 und 6 über die Zwangsvollstreckung und das Konkursverfahren scheiden aus, d. h. die Zwangsvollstreckung gegen die von einer Kriegsperson gesetzlich Vertretenen ist unbeschränkt zulässig, und das Konkursverfahren über das Vermögen der Vertretenen kann auch auf Antrag eines Gläubigers eröffnet werden. Die Ausschließung des § 5 ist, soweit es sich um Kinder handelt, nur scheinbar, denn tatsächlich ordnet der letzte Absatz des § 5 selbst die Anwendung auf das Vermögen der Kinder an, soweit es der elterlichen Nutznießung unterliegt. Daß aus dem Ausschlusse der §§ 5 und 6 größere Nachteile für die Vertretenen entstehen, wird kaum zu befürchten sein, da diese Vertretenen der Fürsorge des Vormundschaftsgerichts unterstehen, und dieses durch Bestellung besonderer Vertreter jederzeit Abhilfe schaffen kann.

III. Eine Sondervorschrift, und zwar in Nachbildung des § 57 ZPO., enthält der Abs. 2. Für alle Rechtsstreitigkeiten kann bei Gefahr im Verzuge den im ersten Absatz bezeichneten Personen ein besonderer Vertreter bestellt werden. In erster Reihe m u ß mit dem Verzuge Gefahr für den Kläger verbunden sein; dann kann dieser die Bestellung eines Sondervertreters für die zu Verklagenden oder Beklagten beantragen. Im Gegensatz zu § 57 ZPO. ist hier die Bestellung des Vertreters fakultativ; das Ermessen des Vorsitzenden entscheidet darüber, inwieweit der Fall die Bestellung eines Sondervertreters erfordert.

Mit der Bestellung endigt die Unterbrechung des Verfahrens; dies wird ausdrücklich im Gesetz hervorgehoben, um die Unanwendbarkeit der Vorschriften des § 4 über das Aufnahmeverfahren außer Zweifel zu stellen.

Endlich wird die Anwendbarkeit des § 3 Abs. 2 für den Sondervertreter ausdrücklich ausgeschlossen; dies mußte geschehen, sollte seine Bestellung überhaupt praktische Bedeutung gewinnen.

§ 10.

Die Bestimmungen dieses Gesetzes über die Unterbrechung und die Aussetzung des Verfahrens finden, sofern nicht das Landesrecht etwas anderes bestimmt, auch auf die bürgerlichen Rechtsstreitigkeiten Anwendung, welche bei den im § 14 des Gerichtsverfassungsgesetzes zugelassenen besonderen Gerichten anhängig sind oder anhängig werden. Die Landesregierungen sind befugt, ergänzende und abweichende Anordnungen im Verordnungswege zu erlassen.

Der Paragraph regelt den Schutz der Kriegspersonen in den Verfahren vor den Sondergerichten des § 14 GVG. Die Vorschriften des vorliegenden Gesetzes über die Unterbrechung und Aussetzung, also die §§ 1, 2, 3, 4, 9 und 11 werden auf die Sondergerichte ausgedehnt, jedoch ist der Landesgesetzgebung die Befugnis vorbehalten, die Anwendung ganz auszuschließen oder durch besondere Vorschriften dem Landesrecht anzupassen.

Über die Bedeutung „anhängig sind oder anhängig werden" vgl. Bem. I B zu § 2.

§ 11.

Der Zeitpunkt, mit welchem der Kriegszustand als beendet anzusehen ist, wird durch Kaiserliche Verordnung bestimmt.

Festsetzung des Zeitpunkts der Beendigung des Kriegszustandes. Die genaue Bestimmung dieses Zeitpunktes ist für die Anwendung des Gesetzes im ganzen (§ 1) als auch einzelner Vorschriften (§ 4 Ziff. 1, § 6 Ziff. 2, § 7 Ziff. 1, § 8) von ausschlaggebender Bedeutung. Die Festsetzung ist einer Kaiserlichen Verordnung überlassen. Einmal kann der Zeitpunkt auch über den Friedensschluß hinaus gelegt werden; es wird dies davon abhängen, ob ein Bedürfnis nach besonderen Schutzmaßregeln für die Angehörigen des Heeres oder der Marine noch andauert; andererseits braucht auch nicht die völlige Demobilmachung abgewartet zu werden; es kann schon vorher die Wiederherstellung des ordentlichen Rechtszustandes wünschenswert erscheinen.

§ 12.

Dieses Gesetz tritt mit der Verkündung in Kraft.

Urkundlich unter Unserer Höchsteigenhändigen Unterschrift und beigedrucktem Kaiserlichen Insiegel.

Gegeben Berlin im Schloß, den 4. August 1914.

(L. S.) **Wilhelm.**

Delbrück.

Bekanntmachung über die Ausdehnung des Gesetzes, betreffend den Schutz der infolge des Krieges an Wahrnehmung ihrer Rechte behinderten Personen, vom 4. August 1914 (Reichs-Gesetzbl. S. 328) auf Kriegsbeteiligte Österreich-Ungarns.

Vom 22. Oktober 1914 (RGBl. S. 450).

Der Bundesrat hat auf Grund des § 3 des Gesetzes über die Ermächtigung des Bundesrats zu wirtschaftlichen Maßnahmen usw. vom 4. August 1914 (Reichs-Gesetzbl. S. 327) folgende Verordnung erlassen:

§ 1. Im Sinne des Gesetzes, betreffend den Schutz der infolge des Krieges an Wahrnehmung ihrer Rechte behinderten Personen, vom 4. August 1914 (Reichs-Gesetzbl. S. 328) stehen die deutsche und die österreichisch-ungarische Land- und Seemacht,[1]) die deutschen und die österreichisch-ungarischen Festungen[2]) sowie die Kriegsführung des Reichs[3]) und die Kriegsführung Österreich-Ungarns einander gleich.

§ 2. Diese Verordnung tritt mit dem Tage in Kraft, an dem der Reichskanzler im Reichs-Gesetzblatt bekannt macht,[4]) daß durch die Gesetzgebung Österreich-Ungarns die Gegenseitigkeit verbürgt ist.

Berlin, den 22. Oktober 1914.

Der Stellvertreter des Reichskanzlers: Delbrück.

[1]) Bezieht sich auf § 2 Ziff. 1 des Ges. v. 4. Aug. 1914 (S. 12); s. dazu Bem. I 1 auf S. 16. Die „bewaffnete Macht" gliedert sich nach dem Gesetz v. 11. April 1889 wie folgt:

Die 1. Linie a) das k. u. k. Heer (einschließend die Kriegsmarine), b) die k. k. österreichische Landwehr, c) die k. ungarische Landwehr (Honved)
sämtlich mit je einer Reserve und je einer Ersatzreserve.

Die 2. Linie besteht nicht.

Die 3. Linie a) der k. k. österreichische, b) der k. ungarische Landsturm.

Dem Rang nach teilen sich die Personen der bewaffneten Macht in zwei Hauptgruppen und zwar

1. die Gagisten, das sind alle Personen, welche ein Jahresgehalt (Gage) beziehen, und

2. Personen des Mannschaftsstandes („Mannschaft"), das sind diejenigen, welche eine tageweise bemessene Gebühr („Löhnung") erhalten.

Die Gagisten gliedern sich nach ihren Dienstverhältnissen in mehrere Standesgruppen und zwar:

A. Offiziere des Soldatenstandes (Generale, Stabs- und Oberoffiziere), das sind die Kombattanten (Streitbaren),
B. Geistliche,
C. Auditore,
D. Ärzte,
E. Truppenrechnungsführer (Verwaltungsoffiziere),
F. Beamte, welche wieder nach ihrer Dienstverwendung in mehrere Gruppen zerfallen,
G. Gagisten ohne Rangklasse.

Die Einzelheiten der Einteilung der bewaffneten Macht nach Standesgruppen, Chargengraden (Rangklassen) und Dienstverhältnissen sind aus dem Dienstreglement (erster Teil, Beilage 1) zu entnehmen.

[2]) Bezieht sich auf § 2 Ziff. 1 des Ges. (S. 12 u. 19.)

[3]) Bezieht sich auf § 2 Ziff. 2 des Ges. (S. 12 u. 22.)

[4]) Bisher nicht geschehen.

II.

Gesetz über die Ermächtigung des Bundesrats zu wirtschaftlichen Maßnahmen und über die Verlängerung der Fristen des Wechsel- und Scheckrechts im Falle kriegerischer Ereignisse.

Vom 4. August 1914 (RGBl. S. 327).

§ 1. Wird in Veranlassung kriegerischer Ereignisse die rechtzeitige Vornahme einer Handlung[1]), deren es zur Ausübung oder Erhaltung des Wechselrechts oder des Regreßrechts aus dem Scheck bedarf, durch höhere Gewalt[2]) verhindert[3]), so verlängern sich die für die Vornahme der Handlung vorgeschriebenen Fristen[4]) um so viel als erforderlich ist, um nach Wegfall des Hindernisses die Handlung vorzunehmen, mindestens aber bis zum Ablauf von sechs Werktagen[5]) nach dem Wegfall des Hindernisses.

Als Verhinderung durch höhere Gewalt gilt es insbesondere[6]):

1. wenn der Ort, wo die Handlung vorgenommen werden muß, von dem Feinde besetzt ist; es sei denn, daß sie bei Anwendung der im Verkehr erforderlichen Sorgfalt trotzdem bewirkt werden kann;
2. wenn die zwecks Herbeiführung der Handlung zu benutzende Postverbindung derart unterbrochen ist, daß ein geregelter Postverkehr nicht mehr besteht.

[1]) Neben Art. 19, 20, 24 Abs. 2, 31, 60, 62, 98, 99 WO. kommen vor allem Art. 41 und 45 WO., sowie die §§ 11, 16, 17 Scheckges. über Präsentation und Protest, sowie über die Benachrichtigung der Regreßpflichtigen in Frage, nicht dagegen die Frist für die Benachrichtigung des Honoraten durch den Ehrenakzeptanten (Art. 58 WO.), da hier die Unterlassung nicht den Verlust eines Wechselrechts, sondern nur einen Schadensersatzanspruch begründet.

[2]) Der allgemein gebräuchliche Begriff; nur ist irgend ein Zusammenhang mit „kriegerischen Ereignissen" zu fordern. Zwei besonders wichtige Fälle hebt Abs. 2 hervor — Besetzung eines Ortes durch den Feind und Störung der Postverbindung. Als höhere Gewalt ist nach der Verordnung vom 7. Aug. 1914 (S. 62) auch anzusehen, wenn die rechtzeitige Vornahme der wechselrechtlichen Handlung durch eine im Ausland erlassene gesetzliche Vorschrift verhindert wird.

[3]) Das Hindernis muß noch zur Zeit des Ablaufs der Frist bestehen oder aber nur so kurz vorher beseitigt sein, daß eine Einhaltung der Frist nicht mehr möglich ist.

[4]) Nur Ausschlußfristen; die Anspruchsverjährung (Art. 77 ff. WO., Art. 20, 22 Scheckges.) bleibt unberührt; hier kommt § 203 BGB. zu Hilfe. Die „Verlängerung" ist ein Mittelding zwischen Hemmung und Unterbrechung; sie erstreckt sich bis zur Beseitigung des Hindernisses + mindestens 2 Wochen; dies ist die Mindestdauer, die aber überschritten werden kann; nur ist dann auch die Notwendigkeit eines Überschreitens darzutun. Neben dieser relativen, von der Lage des einzelnen Falles abhängigen Fristverlängerung ist noch eine absolute Fristverlängerung um 30 Tage bezw. um 120 Tage durch die Verordnung vom 6. Aug. 1914 (RGBl. S. 357), 29. Aug. 1914 (RGBl. S. 387), 8. Sept. 1914 (RGBl. S. 399), 24. Sept. 1914 (RGBl. S. 413) und 22. Okt. 1914 (RGBl. S. 449) zugelassen.

[5]) An Stelle der Frist von 6 Werktagen tritt eine Frist von 2 Wochen. § 1 der Verordnung vom 29. Aug. 1914, betr. weitere Verlängerung der Fristen des Wechsel- und Scheckrechts; s. S. 63.

[6]) Absatz 2 ist nur zur Erleichterung des Beweises beigefügt, daß höhere Gewalt vorliegt. Einen weiteren Fall gibt die Verordnung vom 7. Aug. 1914 (S. 62) an.

§ 2. Unbeschadet der Vorschrift des § 1[7]) können die dort bezeichneten Fristen im Falle kriegerischer Ereignisse durch Kaiserliche Verordnung mit Zustimmung des Bundesrats für das gesamte Reichsgebiet oder für Teile des Reichsgebiets um einen bestimmten Zeitraum verlängert werden.[8])

Diese Vorschrift findet auf die Schutzgebiete mit der Maßgabe Anwendung, daß es der Zustimmung des Bundesrats nicht bedarf.

[7]) Selbständig neben § 1. Ist die nach § 2 verlängerte Frist (vgl. hierzu Anm. 10) abgelaufen, dann kann, wenn sonst die Voraussetzungen gegeben sind, Verlängerung nach § 1 möglich sein.

[8]) Derartige Fristverlängerungen sind auch durch die Verordnungen vom 6., 29. Aug. 1914, 8. und 24. Sept., 22. Okt. 1914 erfolgt; aber die Verordnungen sind nicht als kaiserliche, sondern als Verordnungen des Bundesrats auf Grund des § 3 dieses Gesetzes ergangen. Wegen der Gültigkeit der Verordnungen s. Voigt in JW. 1914 S. 826; dagegen Gorden DJZ. 14 S. 1299.

§ 3. Der Bundesrat wird ermächtigt, während der Zeit des Krieges[9]) diejenigen gesetzlichen Maßnahmen anzuordnen, welche sich zur Abhilfe wirtschaftlicher Schädigungen als notwendig erweisen.[10])

Diese Maßnahmen sind dem Reichstag bei seinem nächsten Zusammentritt zur Kenntnis zu bringen und auf sein Verlangen aufzuheben.[11])

[9]) Vgl. Kriegszustand bei § 1 und 11 des Gesetzes betr. den Schutz der infolge des Krieges an Wahrnehmung ihrer Rechte behinderten Personen.

[10]) Auf Grund dieser Blankettermächtigung, die ein unverzügliches Eingreifen ermöglicht, sind vor allem die nachstehenden Bekanntmachungen ergangen. Inwieweit hierunter auch die Anordnung eines Vergeltungsrechts gegen einen ausländischen Staat, das an sich auf Art. 31 EG. BGB. zu stützen wäre, fällt, kann zweifelhaft sein; von Bedeutung ist die Frage für den Erlaß von Strafbestimmungen, wofür Art. 31 als Rechtsquelle nicht in Betracht kommt. Vgl. hierzu Anm. 3 S. 106.

[11]) Der Reichstag hat lediglich ein Vetorecht; äußert er sich nicht, so bleiben die Maßnahmen in Kraft. Im Falle der Aufhebung wird man dem Reichstage auch eine Bestimmung über die Rückwirkung nicht versagen können, da er eine völlige Beseitigung der Maßnahmen zu verlangen berechtigt ist. (A. M. Sintenis, Kriegsgesetze S. 69.)

§ 4. Dieses Gesetz tritt mit seiner Verkündung in Kraft. Der Zeitpunkt, in dem das Gesetz außer Kraft tritt, wird durch Kaiserliche Verordnung mit Zustimmung des Bundesrats bestimmt.

Zu vorstehendem Gesetz sind folgende Bekanntmachungen ergangen:

Bekanntmachung, betreffend Verlängerung der Fristen des Wechsel- und Scheckrechts.

Vom 6. August 1914 (RGBl. S. 357).

Auf Grund von § 3 des Gesetzes über die Ermächtigung des Bundesrats zu wirtschaftlichen Maßnahmen und über die Verlängerung der Fristen des Wechsel- und Scheckrechts im

Falle kriegerischer Ereignisse vom 4. August 1914 (Reichs-Gesetzbl. S. 327) hat der Bundesrat die folgenden Anordnungen getroffen:

§ 1. Die Fristen für die Vornahme einer Handlung, deren es zur Ausübung oder Erhaltung des Wechselrechts oder des Regreßrechts aus dem Scheck bedarf, werden bis auf weiteres, soweit sie nicht am 31. Juli 1914 abgelaufen waren, um 30 Tage verlängert.[1] [2] [3] [4]

§ 2. Diese Vorschrift tritt mit dem Tage der Verkündung in Kraft.

Berlin, den 6. August 1914.

Der Stellvertreter des Reichskanzlers: Delbrück.

[1]) Die 30tägige Frist knüpft unmittelbar an den Ablauf derjenigen Frist an, die verlängert werden kann, also z. B. bei der Wechselprotestfrist nach Art. 41 WO. an den Ablauf des zweiten Werktages. Bei der 30tägigen Verlängerung sind im übrigen die Sonn- und Feiertage mitzurechnen, da die Verlängerung schlechthin auf 30 Tage bemessen ist. Fällt aber der letzte der dreißig Tage auf einen Sonntag oder Feiertag, so schließt nicht dieser, sondern der folgende Werktag die Frist ab. § 193 BGB.; Art. 92 WO. Dagegen heißt es in der Bekanntmachung, betreffend Änderung der Postordnung vom 6. Aug. 1914 (RGBl. S. 357), daß der Postprotest „am 32. Werktage nach dem Zahlungstage" zulässig ist, eine Ausdrucksweise, die zu Zweifeln Anlaß geben kann (vgl. Drucker in JW. 1914 S. 821, Glaser, Einfluß des Krieges S. 21).

[2]) Für Wechselproteste kommen nur Wechsel in Frage, deren Verfalltag nach dem 28. Juli 1914 liegt. Darüber, ob die verlängerte Protestfrist überhaupt zur Anwendung kommen soll, entscheidet allein der unmittelbare Wechselinhaber; er kann nicht von seinen Vormännern verpflichtet werden, den Wechsel ohne Rücksicht auf die verlängerte Frist zum Protest zu bringen. Die Fristverlängerung schiebt nicht auch den Verfalltag hinaus, sondern läßt ihn unberührt und ist daher auf die mit diesem Tage beginnende Zinspflicht (Art. 50 Ziff. 1 WO.) ohne Einfluß.

[3]) Für die vom Kriege am meisten in Mitleidenschaft gezogenen Grenzgebiete, nämlich für Elsaß-Lothringen, Ostpreußen und einen Teil von Westpreußen sind die Fristen, soweit sie am 31. Juli 1914 noch nicht abgelaufen waren, durch die Verordnungen vom 29. Aug. 1914, 8., 24. Sept. 1914, 22. Okt. 1914 um weitere 90 Tage verlängert; die Gesamtverlängerung beträgt sonach 120 Kalendertage, die eine Zeiteinheit darstellen; nicht etwa sind die Zeiträume von je 30 Tagen gesondert zu behandeln, was unter Umständen im Hinblick auf § 193 BGB. zu einer weiteren Hinausschiebung führen würde. Im übrigen gilt dasselbe wie

in Anm. 1. Die Verlängerung bezieht sich auf alle Wechsel oder Schecks, die in den genannten Provinzen zahlbar sind; auch bestimmte Domizilwechsel, die im Stadtkreis Danzig zahlbar sind, sind in die Verlängerung eingeschlossen.

[4]) Dagegen werden die sog. Notifikationsfristen, also die Fristen für die Benachrichtigung der Regreßpflichtigen von der Nichtzahlung des Wechsels oder des Schecks (Art. 45 WO.; § 17 Scheckges.) nach ausdrücklicher Vorschrift des § 3 der Verordnung vom 29. Aug. 1914 nicht auch ihrerseits um 30 oder 90 Tage verlängert. Die Notifikation muß also, nachdem der Protestwechsel innerhalb der um 30 oder 90 Tage verlängerten Frist erhoben worden ist, binnen 2 Tagen nach der Protesterhebung erfolgen, es sei denn, daß ihre Vornahme im einzelnen Falle durch höhere Gewa verhindert ist (§ 1 des Ges. über die Ermächtigung des Bundesrats usw. v. 4. Aug. 1914).

Bekanntmachung, betreffend die Verlängerung der Fristen für wechsel- und scheckrechtliche Handlungen.

Vom 7. August 1914 (RGBl. S. 361).

Der Bundesrat hat auf Grund des § 3 des Gesetzes über die Ermächtigung des Bundesrats zu wirtschaftlichen Maßnahmen und über die Verlängerung der Fristen des Wechsel- und Scheckrechts im Falle kriegerischer Ereignisse vom 4. August 1914 (Reichs-Gesetzbl. S. 327)[1]) beschlossen, daß die im § 1 Abs. 1 des genannten Gesetzes getroffene Vorschrift auch dann für anwendbar zu erachten ist, wenn die rechtzeitige Vornahme einer Handlung, deren es zur Ausübung oder Erhaltung der Rechte aus einem Wechsel oder einem Scheck bedarf, durch eine im Ausland erlassene gesetzliche Vorschrift verhindert wird.[2])

Berlin, den 7. August 1914.

Der Stellvertreter des Reichskanzlers: Delbrück.

[1]) Dagegen ist von den Maßnahmen, die das Gesetz vom 13. April 1914 über die Folgen der Verhinderung wechsel- und scheckrechtlicher Handlungen im Ausland (RGBl. S. 107) gestattet, kein Gebrauch gemacht worden.

[2]) Gilt also als „Verhinderung durch höhere Gewalt", s. Anm. 2 S. 59. Die Bestimmung ist mit Rücksicht auf die verschiedenen ausländischen Moratorien erforderlich geworden, die für Wechsel und Schecks die Präsentation und den Protest während ihrer Dauer ausschließen.

Bekanntmachung, betreffend weitere Verlängerung der Fristen des Wechsel- und Scheckrechts.

Vom 29. August 1914 (RGBl. S. 387).

Der Bundesrat hat auf Grund des § 3 des Gesetzes über die Ermächtigung des Bundesrats zu wirtschaftlichen Maßnahmen usw. vom 4. August 1914 (Reichs-Gesetzbl. S. 327) folgende Verordnung erlassen:

§ 1. An Stelle der im § 1 Abs. 1 des Gesetzes über die Ermächtigung des Bundesrats zu wirtschaftlichen Maßnahmen usw. vom 4. August 1914 (Reichs-Gesetzbl. S. 327) festgesetzten Frist von sechs Werktagen[1]) tritt eine Frist von zwei Wochen.

§ 2. Die Fristen für die Vornahme einer Handlung, deren es zur Ausübung oder Erhaltung des Wechselrechts oder des Regreßrechts aus dem Scheck bedarf, werden, soweit sie nicht am 31. Juli 1914 abgelaufen waren, für solche Wechsel oder Schecks, die in Elsaß-Lothringen, in der Preußischen Provinz Ostpreußen oder in Westpreußen in den Kreisen Marienburg, Elbing Stadt und Land, Stuhm, Marienwerder, Rosenberg, Graudenz Stadt und Land, Löbau, Kulm, Briesen, Strasburg, Thorn Stadt und Land zahlbar sind, im Anschluß an die in der Bekanntmachung vom 6. August 1914 (Reichs-Gesetzbl. S. 357) vorgesehene Verlängerung um weitere dreißig Tage verlängert.[2])

§ 3. Die in der Bekanntmachung vom 6. August 1914 und im § 2 vorgesehene Fristverlängerung findet keine Anwendung auf die Frist, innerhalb deren nach den gesetzlichen Vorschriften der Regreßpflichtige von der Nichtzahlung des Wechsels oder Schecks zu benachrichtigen ist.[3])

§ 4. Diese Verordnung tritt mit dem Tage der Verkündung in Kraft.

Berlin, den 29. August 1914.

Der Stellvertreter des Reichskanzlers: Delbrück.

[1]) s. S. 58. [2]) s. Anm. 3 S. 61.

[3]) Es handelt sich um die sog. Notifikationsfristen (Art. 45 WO.; § 17 Scheckges.). Darüber s. Anm. 4 S. 62.

Bekanntmachung, betreffend weitere Verlängerung der wechselrechtlichen Fristen für Domizilwechsel, die im Stadtkreis Danzig zahlbar sind.

Vom 8. September 1914 (RGBl. S. 399).[1]

Der Bundesrat hat auf Grund des § 3 des Gesetzes über die Ermächtigung des Bundesrats zu wirtschaftlichen Maßnahmen usw. vom 4. August 1914 (Reichs-Gesetzbl. S. 327) folgende Verordnung erlassen:

§ 1. Die im § 2 der Bekanntmachung vom 29. August 1914 (Reichs-Gesetzbl. S. 387)[2]) vorgesehene weitere Verlängerung der am 31. Juli noch nicht abgelaufenen wechselrechtlichen Fristen gilt auch für solche im Stadtkreis Danzig zahlbare gezogene Wechsel,[3]) die als Wohnort des Bezogenen einen Ort angeben, der in Ostpreußen oder in einem der in jener Bekanntmachung bezeichneten westpreußischen Kreise gelegen ist.

§ 2. Diese Verordnung tritt mit dem Tage der Verkündung in Kraft.

Berlin, den 8. September 1914.

Der Stellvertreter des Reichskanzlers: Delbrück.

[1]) s. Anm. 3 u. 4 S. 61 f. [2]) s. S. 63.

[3]) Es handelt sich um Domizilwechsel (Art. 24, 43 WO.), die im Stadtkreis Danzig zahlbar sind; ihre Einbeziehung und die Verlängerung geschieht im Hinblick auf den engen wirtschaftlichen Zusammenhang der bedrohten Grenzorte mit der Stadt Danzig.

Bekanntmachung, betreffend weitere Verlängerung der Fristen des Wechsel- und Scheckrechts für Elsaß-Lothringen, Ostpreußen usw.

Vom 24. September 1914 (RGBl. S. 413).[1])

Der Bundesrat hat auf Grund des § 3 des Gesetzes über die Ermächtigung des Bundesrats zu wirtschaftlichen Maßnahmen usw. vom 4. August 1914 (Reichs-Gesetzbl. S. 327) folgende Verordnung erlassen:

§ 1. Die Fristen für die Vornahme einer Handlung, deren es zur Ausübung oder Erhaltung des Wechselrechts oder des Regreßrechts aus dem Scheck bedarf, werden, soweit sie nicht am 31. Juli 1914 abgelaufen waren, für solche Wechsel oder Schecks, die in Elsaß-Lothringen, in der Preußischen Provinz Ostpreußen oder in Westpreußen in den Kreisen Marienburg, Elbing Stadt und Land, Stuhm, Marienwerder, Rosenberg, Graudenz Stadt und Land, Löbau, Culm, Briesen, Strasburg, Thorn Stadt und Land zahlbar sind, im Anschluß an die im § 2 der Bekanntmachung vom 29. August 1914 (Reichs-Gesetzbl. S. 387)[2]) vorgesehene Verlängerung um weitere dreißig Tage verlängert.

Die gleiche Fristverlängerung findet im Anschluß an die in der Bekanntmachung vom 8. September 1914 (Reichs-Gesetzbl. S. 399)[3]) vorgesehene Verlängerung bei solchen im Stadtkreis Danzig zahlbaren gezogenen Wechseln statt, die als Wohnort des Bezogenen einen Ort angeben, der in Ostpreußen oder in einem der bezeichneten westpreußischen Kreise gelegen ist.

§ 2. Diese Verordnung tritt mit dem Tage der Verkündung in Kraft.

Berlin, den 24. September 1914.

Der Stellvertreter des Reichskanzlers: Delbrück.

[1]) s. Anm. 3 u. 4 S. 61 f. [2]) s. S. 63. [3]) s. S. 64.

Bekanntmachung, betreffend weitere Verlängerung der Fristen des Wechsel- und Scheckrechts für Elsaß-Lothringen, Ostpreußen usw.

Vom 22. Oktober 1914 (RGBl. S. 449).[1])

Der Bundesrat hat auf Grund des § 3 des Gesetzes über die Ermächtigung des Bundesrats zu wirtschaftlichen Maßnahmen usw. vom 4. August 1914 (Reichs-Gesetzbl. S. 327) folgende Verordnung erlassen:

§ 1. Die Fristen für die Vornahme einer Handlung, deren es zur Ausübung oder Erhaltung des Wechselrechts oder des Regreßrechts aus dem Scheck bedarf, werden, soweit sie nicht am 31. Juli 1914 abgelaufen waren, für solche Wechsel oder Schecks, die in Elsaß-Lothringen, in der Preußischen Provinz Ostpreußen oder in Westpreußen in den Kreisen Marienburg, Elbing Stadt und Land, Stuhm, Marienwerder, Rosenberg, Graudenz Stadt und Land, Löbau, Culm, Briesen, Strasburg, Thorn Stadt und Land zahlbar sind, im Anschluß an die in der Bekanntmachung vom 24. September 1914 (Reichs-Gesetzbl. S. 413)[2]) vorgesehene Verlängerung um weitere dreißig Tage verlängert.

Die gleiche Fristverlängerung findet bei solchen im Stadtkreis Danzig zahlbaren gezogenen Wechseln statt, die als Wohnort des Bezogenen einen Ort angeben, der in Ostpreußen oder in einem der bezeichneten westpreußischen Kreise gelegen ist.

§ 2. Diese Verordnung tritt mit dem Tage der Verkündung in Kraft.

Berlin, den 22. Oktober 1914.

Der Stellvertreter des Reichskanzlers: Delbrück.

[1]) s. Anm. 3 u. 4 S. 61 f. [2]) s. S. 64 f.

Bekanntmachung über die Fälligkeit im Ausland ausgestellter Wechsel.

Vom 10. August 1914 (RGBl. S. 368).[1])

Der Bundesrat hat auf Grund des § 3 des Gesetzes über die Ermächtigung des Bundesrats zu wirtschaftlichen Maßnahmen usw. vom 4. August 1914 (Reichs-Gesetzbl. S. 327) folgende Verordnung erlassen:

§ 1. Die Fälligkeit aller Wechsel, die im Ausland vor dem 31. Juli 1914 ausgestellt[2]) worden und im Inland zahlbar sind, wird, falls sie nicht schon am 31. Juli 1914 verfallen waren, um 3 Monate hinausgeschoben.[3])[4])

Eine Verpflichtung zur Entrichtung des weiteren Wechselstempels nach § 3 Abs. 2 des Wechselstempelgesetzes wird durch diese Hinausschiebung der Fälligkeit nicht begründet.

§ 2. Diese Verordnung tritt mit dem Tage der Verkündung in Kraft.

Berlin, den 10. August 1914.

Der Stellvertreter des Reichskanzlers: Delbrück.

[1]) Die Verordnung stellt eine Ergänzung des sog. Gegenmoratoriums der Verordnung vom 7. 8./22. 10. 14 dar, welche Ausländern die gerichtliche Geltendmachung ihrer Ansprüche bis zum 31. Januar 1915 versagt. Vorliegend wird für alle Auslandswechsel, gleichviel welcher Staatsangehörigkeit der Wechselinhaber oder der Wechselverpflichtete sind, ein Moratorium von 3 Monaten gewährt, das gemäß Verord. v. 22. Okt. 14 (S. 69) um weitere 3 Monate verlängert ist.

[2]) Der im Wechsel angegebene Ort der Ausstellung entscheidet (RG. Bd. 32 S. 118). Unerheblich ist es, wenn der Wechsel tatsächlich an einem ausländischen Orte ausgestellt ist, aber einen inländischen Ort als Ausstellungsort angibt (a. M. LG. Karlsruhe, Recht 14 S. 614, das aber selbst die Bedenklichkeit seiner Auslegung nicht verkennt).

[3]) Daneben kann die Bewilligung einer Zahlungsfrist gemäß der Verordnung vom 7. Aug. 1914 nachgesucht werden.

[4]) Die Fälligkeit ist um weitere 3 Monate nach der Verordnung vom 22. Oktober 1914 hinausgeschoben (S. 69). Die Hinausschiebung der Fälligkeit läßt aber die Zinsenpflicht unberührt; darüber siehe nachfolgende Bekanntmachung vom 12. Aug. 1914.

Die neue Zahlzeit tritt ohne weiteres an die Stelle der alten, als wäre von Anfang an nur die abgeänderte Verfallzeit im Wechsel angegeben gewesen; dies ist vor allem für die Präsentations- und Protestfrist, sowie für die Anspruchsverjährung zu beachten. Andererseits ist daran festzuhalten, daß die Hinausschiebung der Fälligkeit sich kraft Gesetzes vollzieht, ihre Auslegung daher außerhalb der Wechselurkunde steht; dann aber ist zu erwägen, daß es sich bei der Abänderung der Verfallzeit vornehmlich um eine Vergünstigung im Interesse der Wechselschuldner handelt, und daß ihnen daher auch gemäß Abs. 2 § 271 BGB. eine vorzeitige Zahlung gestattet sein muß, schon um sich von der nach den Verordnungen v. 12. 8. 14/22. 10. 14 eintretenden hohen Zinslast für 6 Monate zu befreien. (A. M. Sintenis, Kriegsgesetze S. 93.)

Bei Wechseln, deren Forderungen den Zahlungsverboten gegen England und Frankreich unterliegen (s. S. 114ff.), findet, wenn sie vor dem 30. September 1914 bezw. 20. Oktober 1914 fällig geworden sind, eine einmalige Hinausschiebung der Fälligkeit um 3 Monate statt. Nach Ablauf dieser 3 Monate sowie in allen Fällen, wo der englische oder französische Wechsel erst nach dem 30. Sept. oder 20. Okt. 1914 fällig wird, finden die Vorschriften der Zahlungsverbote Anwendung; die Wechselforderungen gelten nach § 2 des Zahlungsverbots nach Ablauf der ersten drei Monate oder von dem erwähnten späteren Verfalltage ab bis auf weiteres als zinslos gestundet; ferner ist nach § 4 des Zahlungsverbots die Frist für die Präsentation und den Protest bis nach Außerkrafttreten des Zahlungsverbots hinausgeschoben.

Bekanntmachung, betreffend Auslandswechsel.

Vom 12. August 1914 (RGBl. S. 369).

Der Bundesrat hat auf Grund des § 3 des Gesetzes über die Ermächtigung des Bundesrats zu wirtschaftlichen Maßnahmen usw. vom 4. August 1914 (Reichs-Gesetzbl. S. 327) folgende Verordnung erlassen:

§ 1. Bei Wechseln, deren Fälligkeit durch die Verordnung über die Fälligkeit im Ausland ausgestellter Wechsel vom 10. August 1914 (Reichs-Gesetzbl. S. 368) um drei Monate hinausgeschoben ist, erhöht sich die Wechselsumme um sechs Prozent jährlicher Zinsen für drei Monate.[1])

§ 2. Für die im § 1 bezeichneten Wechsel bleibt bei Anwendung der Vorschriften des § 13 Nr. 2 und des § 17 des Bankgesetzes die durch die Verordnung vom 10. August 1914 angeordnete Hinausschiebung der Fälligkeit außer Betracht.[2])

§ 3. Diese Verordnung tritt mit dem Tage der Verkündung in Kraft.

Berlin, den 12. August 1914.

Der Stellvertreter des Reichskanzlers: Delbrück.

[1]) An Stelle der 3 Monate treten 6 Monate nach der Verord. vom 22. Okt. 1914. Der Wechsel ist von dem ursprünglichen Fälligkeitstage an zu verzinsen. Die Vorschrift gilt sowohl gegenüber dem Akzeptanten als auch gegenüber den Regreßpflichtigen. Art. 50, 51 WO. Die Zinspflicht für die Zeit nach dem 30. 9. oder 20. 10. 14 fällt aber fort gegenüber in England oder Frankreich ansässigen Wechselgläubigern. (§ 2 Verord. v. 30. Sept. 1914 u. 20. Okt. 1914). Dies ist außerdem noch fürsorglich im § 2 der Verord. v. 22. Okt. 1914 bestimmt; vgl. außerdem Anm. 4 S. 67.

[2]) D. h. die Abänderung der Verfallzeit soll der Bankfähigkeit der Wechsel, wenn sie sonst gegeben war, nicht weiter schaden; die Wechsel gelten trotz der Hinausschiebung der Fälligkeit als Dreimonatswechsel.

Bekanntmachung über die Fälligkeit im Ausland ausgestellter Wechsel.

Vom 22. Oktober 1914 (RGBl. S. 448).

Der Bundesrat hat auf Grund des § 3 des Gesetzes über die Ermächtigung des Bundesrats zu wirtschaftlichen Maßnahmen usw. vom 4. August 1914 (Reichs-Gesetzbl. S. 327) folgende Verordnung erlassen:

§ 1. Die Fälligkeit von Wechseln, deren Fälligkeit durch die Bekanntmachung vom 10. August 1914 (Reichs-Gesetzbl. S. 368) um drei Monate hinausgeschoben ist,[1]) wird um weitere drei Monate hinausgeschoben. An die Stelle der in der Bekanntmachung vom 12. August 1914 (Reichs-Gesetzbl. S. 369) vorgesehenen Erhöhung der Wechselsumme um sechs Prozent jährlicher Zinsen für drei Monate tritt eine solche für sechs Monate.[2])

Eine Verpflichtung zur Entrichtung des weiteren Wechselstempels nach § 3 Abs. 2 des Wechselstempelgesetzes wird durch die Hinausschiebung der Fälligkeit nicht begründet. Bei Anwendung der Vorschriften des § 13 Nr. 2 und des § 17 des Bankgesetzes bleibt die Hinausschiebung außer Betracht.[3])

§ 2. Die Vorschriften dieser Verordnung finden keine Anwendung[4]) auf Wechsel, bei denen die Zeit der Vorlage zur Zahlung und der Protesterhebung durch die Bekanntmachung, betreffend Zahlungsverbot gegen England, vom 30. September 1914 (Reichs-Gesetzbl. S. 421) oder durch die Bekanntmachung, betreffend Zahlungsverbot gegen Frankreich, vom 20. Oktober 1914 (Reichs-Gesetzbl. S. 443) hinausgeschoben ist.

§ 3. Diese Verordnung tritt mit dem Tage der Verkündung in Kraft.

Der Stellvertreter des Reichskanzlers: Delbrück.

[1]) s. S. 66. [2]) s. Anm. 1 S. 68. [3]) s. Anm. 2 S. 68.

[4]) s. Anm. 4 S. 67 und Anm. 1 S. 68. Ob die Hervorhebung noch besonders erforderlich war, kann zweifelhaft sein, da nach § 2 des Zahlungsverbots bereits die Wechselansprüche bis auf weiteres als gestundet gelten und zwar zinslos, und weil ferner nach § 4 die Frist für die Präsentation und den Protest bis nach Außerkrafttreten des Zahlungsverbots hinausgeschoben ist.

Bekanntmachung über die Geltendmachung von Ansprüchen von Personen, die im Ausland ihren Wohnsitz haben. [1])

Vom 7. August 1914 (RGBl. S. 360).

Der Bundesrat hat auf Grund des § 3 des Gesetzes vom 4. August 1914 (Reichs-Gesetzbl. S. 327) über die Ermächtigung des Bundesrats zu wirtschaftlichen Maßnahmen und über die Verlängerung der Fristen des Wechsel- und Scheckrechts im Falle kriegerischer Ereignisse folgende Verordnung erlassen:

§ 1. Personen, die im Ausland ihren Wohnsitz [2]) haben, sowie juristische Personen, die im Ausland ihren Sitz [3]) haben, können vermögensrechtliche Ansprüche [4]), die vor dem 31. Juli 1914 entstanden sind [5]), bis zum 31. Oktober 1914 [6]) vor inländischen Gerichten [7]) nicht geltend machen [8]) [9]). Ist ein Anspruch vor dem Inkrafttreten dieser Vorschrift bereits rechtshängig geworden, so wird das Verfahren bis zum 31. Oktober 1914 unterbrochen [10]).

Der Reichskanzler ist ermächtigt, Ausnahmen von diesen Vorschriften zuzulassen [11]). Er kann aus Gründen der Vergeltung die Vorschriften auf Angehörige und juristische Personen eines ausländischen Staates ohne Rücksicht auf den Wohnsitz oder Sitz für anwendbar erklären.

[1]) Vgl. Bemerkungen S. 40.
Sog. Gegenmoratorium als Maßregel gegen die Moratorien der meisten ausländischen Staaten gerichtet, die den Deutschen die Geltendmachung ihrer Forderungen unmöglich machen, geht aber insoweit weiter, als auch die Staaten, die kein Moratorium erlassen haben, getroffen werden (vgl. aber Abs. 2 § 1). Eine Ergänzung des Gegenmoratoriums bildet die Verordnung vom 10. Aug. 1914 (S. 66) über die Fälligkeit im Auslande ausgestellter Wechsel.

[2]) §§ 7—11 BGB. Nur auf den Wohnsitz kommt es an, nicht auf die Staatsangehörigkeit, so daß auch Deutsche betroffen werden können.

[3]) § 17 ZPO., also regelmäßig der Ort, wo die Verwaltung geführt wird.

[4]) Jeder Art, auch Wechselansprüche; es werden nicht nur Geldforderungen getroffen, wie im § 5 des Hauptgesetzes und in den Verordnungen vom 7. und 18. Aug. 1914 (S. 73 ff,, 84 ff.).

[5]) nur auf die Entstehungszeit, nicht auf die Erfüllungszeit kommt es an; s. darüber Anm. 13 S. 78.

[6]) An die Stelle des 31. Oktober 1914 tritt der 31. Januar 1915 gemäß Bekanntmachung vom 22. Okt. 1914 (s. S. 72).

[7]) auch vor den Sondergerichten, wie Kaufmanns- u. Gewerbegerichten; auch vor den Schiedsgerichten im Sinne der §§ 1025 ff. ZPO.

[8]) Unter Geltendmachung ist die zwangsweise Durchführung des Anspruchs zu verstehen; das Recht hierauf, der Rechtsschutzanspruch gegenüber dem Staat, wird den im Ausland Ansässigen versagt. Unter diesem Gesichtspunkt ist jede Art des Verfahrens und demgemäß auch die Erhebung einer Widerklage auszuschließen; dagegen kann die Geltendmachung einer Aufrechnung vielleicht zweifelhaft sein; jedenfalls bleibt aber auch das Vollstreckungsverfahren den Ausländern verschlossen, da dies den Kern des Rechtsschutzverfahrens bildet; dabei macht es keinen Unterschied, ob die Zwangsvollstreckung den Gerichten oder dem Gerichtsvollzieher (§§ 753, 883 f. ZPO.) zugewiesen ist, da, abgesehen davon, daß auch bei ihm eine Mitwirkung der Gerichte eintreten kann, er im Grunde die Zwangsgewalt des Staates ausübt, gerade diese aber nicht zugunsten der Ausländer wirken soll; (a. M. OLG. Hambnrg, DJZ. 14 S. 1307; s. auch Harder, JW. 15 S. 990).

Eine andere Frage ist, inwieweit die Vorschrift mit dem Art. 23 h des Haager Abkommens v. 18. Okt. 1907 (RGBl. 1910 S. 141) vereinbar ist, nach dem „die Aufhebung oder zeitweilige Außerkraftsetzung der Rechte und Forderungen von Angehörigen der Gegenpartei oder die Ausschließung ihrer Klagbarkeit untersagt" ist.

Angesichts des zwingenden öffentlich-rechtlichen Charakters der Vorschrift ist eine Parteivereinbarung nicht zulässig (RG. im Recht 14 S. 615; OLG. Dresden, JW. 14 S. 989); weiter ist aber auch die Innehaltung von Amts wegen zu beobachten; dies kann aber erst nach materieller Prüfung (Entstehungszeit des Anspruchs; Vorliegen einer Ausnahme gemäß § 2) erfolgen, so daß also bei einer Klage zwar nicht die Terminsanberaumung, wohl aber der Erlaß eines Versäumnisurteils abzulehnen ist (s. auch Sintenis, Kriegsgesetze S. 96).

[9]) Dasselbe gilt, wenn die Ausländer nunmehr ihre Ansprüche an Inländer abtreten (§ 3), dagegen nicht für Ansprüche, die für Niederlassungen von Ausländern im Inlande entstanden sind (§ 2). Wegen der Frage der Verjährung s. S. 40 Bem. VII. Nach dem 31. Jan. 1915 kommt noch die Bewilligung einer Zahlungsfrist gemäß Verordnung vom 7. Aug. 1914 in Frage.

[10]) §§ 249 f. ZPO. An die Stelle des 31. Okt. 1914 tritt der 31. Jan. 1915 (s. Anm. 6). Eine Aufnahme im Laufe der Frist ist bei dem zwingenden Charakter der gesamten Vorschrift nicht zulässig (s. Anm. 8). Der Beginn des Vollstreckungsverfahrens wird schon durch Satz 1 § 1 gehindert (s. Anm. 8). Für Forderungen eines Inländers im Falle des § 717 II ZPO. besteht keine Ausnahme (a. M. Schäffer JW. 14 S. 974 f.)

Die Unterbrechung erstreckt sich dagegen nicht auf das Beitreibungsverfahren der Gerichtskasse wegen Gerichtsgebühren, die gegenüber dem Ausländer bereits fällig geworden sind (OLG. Hamburg DJZ. 14 S. 1306).

[11]) Derartige Abweichungen sind bisher nicht getroffen worden.

§ 2.[12]) Die Vorschriften des § 1 Abs. 1 finden keine Anwendung auf Ansprüche, die im Betriebe der von den dort bezeichneten physischen oder juristischen Personen im Inland unterhaltenen gewerblichen Niederlassungen[13]) entstanden sind.

Der Reichskanzler ist ermächtigt, aus Gründen der Vergeltung die Vorschriften auf Ansprüche der im Abs. 1 bezeichneten Art auszudehnen.[14])

§ 3. Die in den §§ 1, 2 vorgesehene Beschränkung in der Geltendmachung von Ansprüchen, mit Einschluß der Unterbrechung des Verfahrens, gilt auch für die Rechtsnachfolger[15]) der von der Beschränkung betroffenen Personen, sofern nicht die Ansprüche vor dem 31. Juli 1914 auf sie übergegangen sind.

§ 4. Diese Verordnung tritt mit dem Tage der Verkündung in Kraft.

Berlin, den 7. August 1914.

Der Reichskanzler. In Vertretung: Delbrück.

[12]) Ausnahmen von § 1.

[13]) Haupt- oder Zweigniederlassung. Über den Begriff s. § 21 ZPO., § 270 Abs. 2 BGB., §§ 29, 31 HGB. Nur gewerbliche Niederlassungen kommen in Frage, also nicht landwirtschaftliche Betriebe. Der Begriff ist hier anders als im § 1 der Verordnung vom 4. Sept. 1914 S. 105 und im § 5 der Verordnung vom 30. Sept. 1914 S. 121.

[14]) Bisher nicht geschehen.

[15]) Hierunter fällt auch der Wechselindossatar; vgl. RG. Bd. 47 S. 66, dagegen aber Dernburg, Bürgerl. R. II § 145 Anm. 2. Vorliegend wird vor allem der öffentlich-rechtliche Gesichtspunkt Platz greifen müssen, daß der § 3 eine Umgehung des § 1 nach der Richtung hin verhüten will, daß ein im Ausland Wohnender die Forderung zum Zwecke der Eintreibung einem Inländer auf irgend eine Weise überläßt. Schwierigkeiten können bei einem Blankoindossament eines im Ausland ansässigen Indossanten entstehen (vgl. JW. 1914 S. 795).

Bekanntmachung über die Geltendmachung von Ansprüchen von Personen, die im Ausland ihren Wohnsitz haben.

Vom 22. Oktober 1914 (RGBl. S. 449).

Der Bundesrat hat auf Grund des § 3 des Gesetzes über die Ermächtigung des Bundesrats zu wirtschaftlichen Maßnahmen usw. vom 4. August 1914 (Reichs-Gesetzbl. S. 327) folgende Verordnung erlassen:

Die Wirksamkeit der Bekanntmachung über die Geltendmachung von Ansprüchen von Personen, die im Ausland ihren Wohnsitz haben, vom 7. August 1914 (Reichs-Gesetzbl. S. 360) wird in der Weise ausgedehnt, daß an die Stelle des 31. Oktober 1914 der 31. Januar 1915 tritt.

Berlin, den 22. Oktober 1914.

Der Stellvertreter des Reichskanzlers: Delbrück.

Bekanntmachung über die gerichtliche Bewilligung von Zahlungsfristen.*)

Vom 7. August 1914 (RGBl. S. 359).

Der Bundesrat hat auf Grund des § 3 des Gesetzes über die Ermächtigung des Bundesrats zu wirtschaftlichen Maßnahmen und über die Verlängerung der Fristen des Wechsel-

---

*) s. Bemerkungen S. 26, 39 und JMB. S. 129 f. Unter Ablehnung eines „allgemeinen" oder auf gewisse Verbindlichkeiten, z. B. Wechselschulden, Mietzinsschulden beschränkten Moratoriums wird ein „individuelles" Moratorium der Art eingeführt, daß der Richter von Fall zu Fall Zahlungsfristen gewähren kann. Der Richter wird damit nicht mehr vor eine rein rechtliche, sondern gemischt wirtschaftliche Aufgabe gestellt. In Anlehnung an § 721 ZPO. kommt der im § 14 Ziff. 4 EG. z. ZPO. aufgehobene Grundsatz (Art. 1244 code civil) wieder zur Geltung.

Die Voraussetzung für die auf längstens 3 Monate zu bewilligende Zahlungsfrist ist eine dreifache:

1. daß es sich um eine Geldforderung handelt,
2. daß diese vor dem 31. Juli 1914 entstanden ist,
3. daß die Lage des Schuldners eine Zahlungsfrist rechtfertigt und zugleich die Zahlungsfrist dem Gläubiger nicht einen unverhältnismäßigen Nachteil bringt.

Grundsätzlich kann die Zahlungsfrist auch einem Ausländer, selbst dem Angehörigen eines feindlichen Staats bewilligt werden (vgl. Lewis, Recht 14 S. 593 u. Reichel ebenda S. 590; a. M. Hollaender, JW. 14 S. 971). Dagegen kommt es auf den Wohnsitz des Ausländers im Gegensatz zu der Verordnung vom 7. Aug. 1914 S. 70 vorwiegend gar nicht an.

und Scheckrechts im Falle kriegerischer Ereignisse vom 4. August 1914 (Reichs-Gesetzbl. S. 327) folgende Verordnung erlassen:

§ 1. In bürgerlichen Rechtsstreitigkeiten,[1]) die bei den ordentlichen Gerichten[2]) anhängig sind oder anhängig werden,[3]) kann[4]) das Prozeßgericht[5]) auf Antrag des Beklagten[6]) eine mit der Verkündung[7]) des Urteils beginnende Zahlungsfrist von längstens drei Monaten in dem Urteile[8]) bestimmen.[9]) Die Bestimmung ist zulässig, wenn die Lage des Beklagten sie rechtfertigt und die Zahlungsfrist dem Kläger nicht einen unverhältnismäßigen Nachteil bringt.[10]) Sie kann für den Gesamtbetrag oder einen Teilbetrag der Forderung[11]) erfolgen und von der Leistung einer nach freiem Ermessen des Gerichts zu bestimmenden Sicherheit[12]) abhängig gemacht werden.

Der Antrag ist nur zulässig, wenn Gegenstand des Rechtsstreits eine vor dem 31. Juli 1914 entstandene Geldforderung ist.[13]) Die tatsächlichen Behauptungen, die den Antrag begründen,[14]) sind glaubhaft zu machen.[15])

Der Zinsenlauf wird durch die Bestimmung der Zahlungsfrist nicht berührt.[16])[17])

[1]) Nur vermögensrechtlicher Art, und zwar nach Abs. 2 nur solche Rechtsstreitigkeiten, welche eine vor dem 31. Juli 1914 entstandene Geldforderung betreffen; in Betracht kommt jede Art des Verfahrens, jedoch nur insoweit, als es mit dem Erlaß eines Urteils abschließt, insbesondere auch der Urkunden- und Wechselprozeß; dagegen scheidet der Zahlungsbefehl aus.

[2]) Ausgeschlossen sind die besonderen Gerichte, wie die Gewerbe- und Kaufmannsgerichte und die Gerichte des § 14 GVG. Auch die Schiedsgerichte (§ 1025 ZPO.) werden auszuscheiden haben (Güthe JMBl. 14 S. 753). Dagegen werden die Berufungsgerichte der besonderen Gerichte, soweit ihre Tätigkeit den ordentlichen Gerichten zufällt, einbezogen.

[3]) Der Begriff der „Anhängigkeit" ist hier im Gegensatz zu § 2 des Hauptgesetzes von relativ untergeordneter Bedeutung; er umfaßt sowohl die schwebenden als die erst künftig eingehenden Prozesse und zwar bis zum Erlaß desjenigen Schlußurteils, das in Rechtskraft übergeht; mit diesem Zeitpunkt hört die Tätigkeit des Prozeßgerichts für einen Zahlungsaufschub auf, und es kann nur noch das Vollstreckungsgericht gemäß § 3 in Funktion treten.

[4]) Nach freiem Ermessen.

[5]) Dasjenige Gericht, bei welchem der Rechtsstreit durch Erhebung

der Klage oder in höherer Instanz infolge Einlegung des Rechtsmittels anhängig geworden ist. Wegen des Revisionsgerichts s. Anm. 9.

[6]) oder auch Widerbeklagten. Der Beklagte ist immer der Schuldner, während der Kläger der Gläubiger ist. Ein von der Beklagtenrolle losgelöstes Klagerecht des Schuldners auf Stundung gibt die Verordnung nicht. Das prozessuale Recht der Antragstellung ist aber verzichtbar, z. B. aus Anlaß einer außergerichtlichen Stundung (vgl. hierzu Striemer in JW. 1914 S. 852); das Antragsrecht geht aber nicht schon ohne weiteres durch eine vom Gläubiger freiwillig eingeräumte dreimonatige Frist verloren, noch wird es durch eine von ihm gewährte kürzere Frist eingeschränkt (Güthe JMBl. 14 S. 756; a. M. Levis Recht 14 S. 593).

Der Antrag ist in der mündlichen Verhandlung zu stellen, da die Bestimmung der Zahlungsfrist nur in Verbindung mit einem auf Grund mündlicher Verhandlung zu erlassenden Urteil ergehen kann. Im Versäumnisfalle kann daher ein schriftlicher Stundungsantrag des Beklagten nicht berücksichtigt werden, ebensowenig, wenn die Stundungseinrede in einem früheren Termin vorgebracht ist (a. M. Levis Recht 14 S. 595).

Da über das Begehren eines Ausstandes „in dem Urteile" selbst zu erkennen ist, so ist der Antrag bis zum Schlusse der mündlichen Verhandlung zu stellen, auf welche das Urteil ergeht; hinsichtlich eines Läuterungsurteils noch in der Verhandlung nach dem bedingten Urteile. Ist der Antrag im Urteile übergangen, so ist in Ermangelung einer besonderen Bestimmung für eine Ergänzung des Urteils nach § 321 ZPO. kein Raum; § 321 ZPO. kann unmittelbar nicht Anwendung finden, da es sich nicht um einen Anspruch, sondern um ein Verteidigungsmittel handelt (a. M. Güthe JMBl. 14 S. 754).

Im Verfahren vor den Amtsgerichten hat das Gericht den Beklagten über sein Antragsrecht zu belehren (§ 502 ZPO.).

Eine Erklärung des Klägers auf den Antrag ist nicht erforderlich, insbesondere ist ein Gegenantrag nicht nötig.

[7]) Mit diesem Zeitpunkt hat die Zahlungsfrist zu beginnen. Ist die Forderung an sich zu diesem Zeitpunkt noch gar nicht fällig, so wird sinngemäß gleichwohl eine Hinausschiebung der Fälligkeit um höchstens 3 Monate zulässig sein (vgl. Kipp in DJZ. 1914 S. 1028); so bei Klagen auf künftige Zahlung (§ 257 ZPO.).

[8]) Auch Anerkenntnis- und Läuterungsurteil. Sowohl die Bestimmung als auch die Ablehnung der Frist erfolgt in dem Urteile; es empfiehlt sich, die Bestimmung schon in dem Urteilstenor zum Ausdruck zu bringen, um dem Vollstreckungsorgan die Prüfung zu erleichtern. Eine nachträgliche Verlängerung der Frist durch Beschluß ist unzulässig. Auch das Vollstreckungsgericht kann hieran nichts ändern (s. Anm. 30).

Liegt ein nicht rechtskräftiges Urteil vor, in dem über einen Ausstand noch nicht entschieden ist, so kann der Schuldner, wenn es ihm nur auf die Stundung ankommt, die Rechtskraft abwarten und dann nach § 3 verfahren. Was die Kostenpflicht anlangt, so wird trotz der Fristbewilligung es kaum angängig sein, eine teilweise Abweisung des Klageanspruchs anzunehmen, die den Kläger zu einem Teile kostenpflichtig machen könnte

(§ 92 ZPO.); vielmehr treffen unbedingt sämtliche Kosten den Beklagten (Freiesleben DJZ. 14 S. 1160). Dies entspricht auch der Tendenz der Gesetzgebung, wie sie sich aus § 2 der Verordnung vom 18. Aug. 1914 ergibt; die Vergünstigungen, die diese Notgesetze den Schuldnern schaffen, sollen den Gläubigern, wenn sie nur infolgedessen unterliegen, insoweit keine besonderen Kosten verursachen. Sieht man aber hiervon ab, so nötigt die Abhängigkeit der Stundung von dem richterlichen Ermessen dazu, zugunsten des Klägers eine analoge Anwendung des Abs. 2 Halbsatz 2 § 92 ZPO. zuzulassen.

Im Gegensatz zu §§ 2 und 4 verbleibt es hier hinsichtlich der Gerichtsgebühren bei den allgemeinen Vorschriften des Gerichtskostengesetzes.

[9]) Die Arten der Bestimmung ergeben sich aus Satz 3 § 1. Die Entscheidung (Fristsetzung wie Ablehnung) ist unter denselben Voraussetzungen und mit den gleichen Rechtsmitteln anfechtbar, wie das Urteil überhaupt (vgl. auch OLG. Hamburg DJZ. 14, S. 1307); es ist nicht nötig, daß auch gleichzeitig die Entscheidung in der Hauptsache angefochten wird.

Gründet sich die Berufung des Beklagten lediglich darauf, daß in dem ersten Urteil eine Zahlungsfrist nicht bestimmt ist, so muß, um eine Zahlungsfrist von dem Berufungsgericht zu erreichen, der Antrag auf Fristbewilligung bereits in erster Instanz gestellt sein (A. G. Neisse JW. 14 S. 846; Güthe JMBl. 14 S. 754; a. M. AG. Cöln JW. 14 S. 947. Das Berufungsgericht kann im übrigen eine Frist neu bestimmen und eine bewilligte Frist verlängern oder verkürzen; die Verlängerung hat aber derart zu geschehen, daß die Frist im ganzen 3 Monate nicht übersteigt; nicht etwa darf eine nochmalige Frist von 3 Monaten gewährt werden (Güthe a. a. O.; a. M. Freiesleben DJZ. 14 S. 1156). In der Revisionsinstanz kann die Neubestimmung und die Verlängerung einer Zahlungsfrist im Hinblick auf § 549 Abs. 1 ZPO. nicht erfolgen; wohl aber kann eine Abkürzung oder Wegfall der Frist wegen Verletzung der Vorschriften dieser Verordnung in Frage kommen (Güthe a. a. O.; vgl. auch Levis Recht 14 S. 594).

[10]) Diese Vorschrift verleiht dem gerichtlichen Ausstand den Charakter eines „individuellen" Moratoriums. Die Interessen des Schuldners und des Gläubigers sind gegeneinander abzuwägen. Es ist in jedem Falle einzeln zu prüfen, inwieweit mit Rücksicht auf die beiderseitigen Vermögens- und Erwerbsverhältnisse sowie die Bedürfnisse der Parteien eine Stundung der Billigkeit entspricht. Die Notlage des Schuldners kann nur dann vorzugsweise berücksichtigt werden, wenn die Interessen des Gläubigers an der sofortigen Erfüllung der Verbindlichkeit nicht überwiegen. Infolgedessen kann derselbe Schuldner gegenüber einem Gläubiger eine Stundung erhalten, während sie einem andern Gläubiger gegenüber zu versagen ist (s. im übrigen Bayerisches JMBl. 14 S. 154; ferner auch Erlaß des Handelsministers v. 11. Aug. 1914 S. 131).

Ein Zusammenhang, auch nur ein mittelbarer, zwischen der Notlage des Schuldners und den kriegerischen Ereignissen wird nicht ausdrücklich erfordert (so auch Hirsch, JW. 14 S. 947 u. OLG. Hamburg DJZ. 14, S. 1307; a. M. Striemer in JW. 1914 S. 852; Freiesleben DJZ. 14 S.1155; Güthe JMBl.14 S.755; Blätter f. Rechtspfl. 14 S. 115; Hollaender,

JW. 14 S. 971); wohl aber ist zur „Rechtfertigung" der Stundung nötig, daß diese auch in der Tat geeignet ist, dem Schuldner in seiner „Lage" wirklich zu helfen; läßt sich von vornherein annehmen, daß der Schuldner später ebensowenig seiner Verpflichtung nachkommen werde, so ist die Fristbestimmung nicht durch die Lage des Schuldners gerechtfertigt und würde nur eine unnötige Erschwerung für die Interessen des Gläubigers bedeuten (so Freiesleben DJZ. 14 S. 1156).

[11]) Der Hauptforderung und aller Nebenforderungen. Auch Ratenzahlungen sind zulässig, die wieder an Bedingungen geknüpft werden können; nur muß die letzte Rate spätestens nach 3 Monaten fällig werden (wegen der Fassung der Urteilsformel s. Bendix JW. 14 S. 964). Dagegen fallen die Prozeßkosten nicht unter diese Vorschrift; ihre Erstattungspflicht beruht auf einem besonderen prozessualen Rechtsgrunde und ist von der „Forderung" unabhängig (a. M. Güthe JMBl. 14 S. 755; AG. Hamburg, DJZ. 14 S. 1308).

[12]) § 108 ZPO. Ist die Zahlungsfrist gegen Sicherheitsleistung bewilligt, so bleibt die Veranlassung zur Sicherheitsleistung bestehen, bis die gestundete Geldforderung getilgt ist.

[13]) I. Eine Geldforderung ist eine Forderung, die — gleichviel aus welchem Grunde — unmittelbar auf Zahlung einer bestimmten Geldsumme gerichtet ist. Unerheblich ist, ob inländisches oder ausländisches Geld zu zahlen ist, ebenso ob die Zahlung an einen Gläubiger oder an einen Dritten, z. B. an eine Hinterlegungsstelle zu leisten ist. Immer ist es eine Leistung in Geld, welche den Inhalt der Forderung bildet. Besteht der geschuldete Gegenstand nicht in Geld, so liegt auch keine Geldforderung vor, so z. B. bei der Befreiung von einer Schuld, auch wenn diese voraussichtlich nur durch Geldleistung erfolgen kann. Der Anspruch muß unmittelbar auf Geld gehen; erst dadurch gewinnt er den Charakter als Geldforderung. Die bloße Möglichkeit des Übergehens in eine Geldforderung reicht nicht aus. Daher unterscheidet denn auch § 916 ZPO. beim Arrest ausdrücklich zwischen einer Geldforderung und einem Anspruche, der in eine Geldforderung übergehen kann, eine Unterscheidung, die nicht zu rechtfertigen wäre, wenn die Geldforderungen auch bloß verwandlungsfähige Ansprüche — schließlich kann jeder vermögensrechtliche Anspruch im Falle der Nichterfüllung in Schadensersatz und damit in eine Geldforderung übergehen — begrifflich einschließen würden. Auch die Vorschrift des Abs. 2 § 1228 BGB. läßt sich hierfür heranziehen.

Hieraus ergibt sich, daß, wenn die Verordnung als stundungsfähig nur „eine vor dem 31. Juli 1914 entstandene Geldforderung" anerkennt, hierunter nur Forderungen fallen, die, sofern sie nicht von Anfang an auf Geld gehen, sich bereits vor dem 31. Juli 1914 in Geldforderungen verwandelt haben. Erst mit der Umwandlung, nicht schon vorher, „entsteht" der Anspruch auf Geld; erst dadurch wird für die Forderung der Charakter als „Geldforderung" begründet, „entsteht" sie als solche, und der Zeitpunkt hierfür muß vor dem 31. Juli 1914 liegen (vgl. auch Kahn in JW. 1914 S. 808, auch Kaufmann ebenda S. 812; a. M. Kipp in DJZ. 1914 S. 1027, Goldmann ebenda S. 811, Striemer in JW. 1914 S. 852, Güthe JMBl. 14 S. 752, Levis Recht 14 S. 59; Erlaß des Ministers für Handel u. Gewerbe vom 11. Aug. 1914 und Bayerisches JMBl. 14 S. 149). Hätte man schlechthin alle Forderungen, deren Ursprung vor dem 31. Juli 1914 liegt, und die in irgend einem Zeitpunkt mal auf Geld gerichtet sein können, treffen wollen, so durfte man sich nicht auf eine so enge und prägnante Bezeichnung wie „Geldforderung" festlegen, sondern hätte es vorziehen sollen, allgemein von „vermögensrechtlichen Ansprüchen" zu reden, wie dies auch im § 1 der Verordnung vom 7. Aug. 1914 über die Geltendmachung von Ansprüchen von Personen, die im Ausland ihren Wohnsitz haben, und später im § 2 der Verordnung vom 30. Sept. 1914 über das Zahlungsverbot gegen England geschehen ist.

II. Die Entstehungszeit der Geldforderung muß vor dem 31. Juli 1914 liegen, nicht ihre Erfüllungszeit; also kann die Fälligkeit der Forderung auch nach dem erwähnten Zeitpunkt eintreten. Entstanden ist die Geldforderung auch, wenn sie bedingt oder befristet ist, mit der Begründung des Schuldverhältnisses, des Verpflichtungszustandes, aus dem die Forderung entspringt, im weitesten Sinne mit der Bindung des Schuldners (vgl. Dernburg, Bürgerl. R. II, 1 § 54; s. auch Kipp DJZ. 1914 S. 1028; im übrigen siehe auch JW. 14 S. 794, Goldmann ebenda S. 811, Kaufmann ebenda S. 812, Levis Recht 14 S. 591, Güthe JMBl. 14 S. 753, Bayerisches JMBl. 14 S. 150, Freiesleben DJZ. 14 S. 1155, der der vorliegenden Ansicht am nächsten kommt; a. M. Kahn JW. 14 S. 809, anders aber S. 862 und Glaser, Einfluß des Krieges auf Privatrechtsverhältnisse S. 14); diese Bindung, dieser Verpflichtungszustand muß sich vor dem genannten Zeitpunkt verwirklicht haben. So ist es z. B. für eine Mietzins-, Gehalt- und Gesellschaftsforderung genügend aber auch erforderlich, wenn das Mietsverhältnis, das Dienst- oder Arbeitsverhältnis, das Gesellschaftsverhältnis vor dem 31. Juli 1914 eingegangen ist, im allgemeinen für vertragliche Forderungen, wenn der Abschluß des Vertrages vor dem 31. Juli 1914 erfolgt ist.

Levis, Recht 14 S. 591, will noch unterscheiden, wann das vor dem 31. Juli 1914 entstandene Schuldverhältnis erstmals nach dem 30. Juli 1914 gekündigt werden kann, und die Stundung für den Zeitpunkt der erstmals zulässigen Kündigung verweigern. Einer solchen Unterscheidung ist an sich eine Berechtigung nicht zu versagen, nur findet sie keine Stütze in der Verordnung selbst, die das entscheidende Gewicht lediglich auf die Entstehungszeit und nicht auf die Aufhebungsmöglichkeit der Verbindlichkeit legt.

Im übrigen bezieht sich die Entstehungszeit nur auf die Hauptforderung, nicht auf die Nebenforderungen, wie Zinsen (vgl. Güthe JMBl. 14 S. 753).

III. Unter den Geldforderungen wird nicht unterschieden. Auch Wechselforderungen oder dinglich gesicherte Forderungen fallen unter die Vorschrift; bei § 2 wird man auch Judikatsforderungen, die vor dem 31. Juli 1914 entstanden sind, zulassen müssen. Immer kommen aber nur solche Forderungen in Frage, die Gegenstand von „bürgerlichen Rechtsstreitigkeiten" sein können, also solche, für welche der Rechtsweg überhaupt möglich ist; daher scheiden Steuern und andere öffentliche Abgaben im Gegensatz zu § 5 des Hauptgesetzes aus.

[14]) Zur Begründung des Antrages wird es genügen, wenn der Beklagte seine Notlage schlüssig dartut. Nach dem Wortlaut ist allerdings der Zahlungsaufschub auch noch davon abhängig zu machen, daß die Lage des Klägers keine unverhältnismäßige Verschlimmerung erfährt. Aber hier handelt es sich um eine Einredetatsache, die der Kläger vorzubringen hat. Dagegen wird man für den Stundungsanspruch nicht das Vorliegen zweier Fundamente annehmen können, schon deshalb nicht, weil in den meisten Fällen der Beklagte nicht die Verhältnisse des Klägers kennen kann (vgl. auch Striemer in JW. 14 S. 852, Freiesleben DJZ. 14 S. 1156).

Im übrigen werden auch hinsichtlich der Zahlungsfrist selbst genaue, im einzelnen zu begründende Angaben zu erfordern sein.

[15]) Glaubhaftmachung ist nur insoweit erforderlich, als ein Bestreiten erfolgt. Sind die behaupteten Tatsachen an sich nicht zur Begründung des Stundungsanspruchs geeignet, so ist der Antrag ohne weiteres abzuweisen. Fehlt es an einer Glaubhaftmachung oder ist sie nicht ausreichend, so hat gleichfalls Abweisung zu erfolgen. Die Glaubhaftmachung kann nicht durch Sicherheitsleistung ersetzt werden. Im übrigen vgl. § 294 ZPO., insbesondere ist eine Beweisaufnahme, die nicht sofort erfolgen kann, unstatthaft.

[16]) Nur der Lauf der Zinsen — der gesetzlichen sowohl als der vertragsmäßigen — wird durch die Stundung nicht gehemmt, wohl aber kann die Zinsleistung getroffen werden; daher können sowohl die aufgelaufenen als auch die künftigen Zinsen gestundet werden. Im Gegensatz zu § 2 des Zahlungsverbots gegen England, wo für die Dauer der Stundung Zinsen nicht gefordert werden können, sind hier die Zinsen weiter zu entrichten, insbesondere auch Verzugszinsen (§ 288 BGB.), trotz der Heilung des Verzugs mit dem Eintritt der Stundung. Man wird aus dem erwähnten Gegensatze weiter annehmen müssen, daß, wenn die Zahlungsfrist eine erst künftig fällig werdende Forderung betrifft, gleichwohl von der ursprünglichen Fälligkeit ab Verzugszinsen zu leisten sind, da eben der Schuldner hier — im Gegensatz zu dem Verbot gegen England — nicht unentgeltlich das Kapital nutzen soll.

[17]) In ihrer Wirkung steht die gerichtliche Bewilligung der Zahlungsfrist der Einwilligung des Gläubigers in das Stehenbleiben der Schuld gleich. Vornehmlich besteht die Wirkung in der Aufhebung des Schuldnerverzugs für die Zukunft (purgatio morae), jedoch mit der aus Abs. 3 § 1 sich ergebenden Einschränkung, daß Zinsen weiter laufen. Die bereits eingetretenen Verzugsfolgen hören nicht auf, so daß die Erweiterungen und Änderungen, welche die Forderung bereits erfuhr, unberührt bleiben (vgl. Dernburg, Bürgerl. R. § 73 II, 1; a. M. Kipp in DJZ. 1914 S. 1020, der annimmt, daß ein Verzug überhaupt nicht eintrete; nach Striemer JW. 1914 S. 850 f. soll die Zahlungsfrist als „Vollstreckungsprivileg an der materiellen Rechtslage der Parteien nichts ändern". Hier greift die Verordnung vom 18. Aug. 1914 fürsorgend ein, indem sie die Beseitigung der „besonderen" — gesetzlichen und vertragsmäßigen — Rechtsfolgen

einer Nichtzahlung, auch soweit sie bereits eingetreten sind, zuläßt; aber wohlgemerkt nur die „besonderen" Folgen (vgl. hierüber Anm. 10 S. 86) können ausgeräumt werden; dagegen können die „allgemeinen" Folgeu, sofern sie bereits eingetreten sind, weder nach der Verordnung vom 18. Aug. 1914, noch durch die Bewilligung einer Zahlungsfrist aufgehoben werden. Um sich auch hiergegen zu schützen, werden Schuldner von künftig fällig werdenden Forderungen gut tun, die Bewilligung der Zahlungsfrist rechtzeitig, also noch vor Eintritt des Schuldnerverzugs nachzusuchen. Dagegen bietet die Verordnung vom 18. Aug. 1914 den Vorteil einer dauernden Beseitigung der künftigen Folgen, während bei einer Zahlungsfrist der Eintritt künftiger Folgen auf nicht mehr als 3 Monate verhindert werden kann (Güthe JMBl. S. 752).

Gerade im Hinblick auf diese Folgen wird die Fristbewilligung auch durch das Bestehen einer „Geschäftsaufsicht" (s. V. vom 8. Aug. 1914 auf S. 94) weder überflüssig noch unzulässig (vgl. Kipp DJZ. 14 S. 1032; OLG. Braunschweig ebenda S. 1216).

Im übrigen sei nur noch kurz bemerkt, daß die dem Hauptschuldner bewilligte Zahlungsfrist auch dem Bürgen zugute kommt (§ 767 BGB.), sowie daß mit dem Ausstand die Ausübung des Anfechtungsrechts außerhalb des Konkurses nicht unerheblich erschwert wird, indem die Nachweismöglichkeit einer voraussichtlichen Erfolglosigkeit der Zwangsvollstreckung ebenfalls hinausgeschoben wird (vgl. hierzu Harder in JW. 1914 S. 818).

§ 2. Der Schuldner[18]) ist befugt, unter Anerkennung der Forderung des Gläubigers[19]) diesen vor das Amtsgericht,[20]) vor dem der Gläubiger seinen allgemeinen Gerichtsstand[21]) hat, zur Verhandlung über die Bestimmung einer Zahlungsfrist zu laden.[22]) In dem auf Antrag des Gläubigers zu erlassenden Anerkenntnisurteil[23]) ist zugleich über die Bestimmung einer Zahlungsfrist zu erkennen. Die Vorschriften des § 1 sind entsprechend anzuwenden.[24])

[18]) In der Parteistellung tritt keine Änderung ein; er übernimmt die Rolle des Beklagten.

[19]) Die vorbehaltlose Anerkennung der Forderung des Gläubigers und zwar der gesamten, einschließlich der Nebenforderungen, nicht nur eines Teiles derselben, muß in dem Antrage enthalten sein; sie bildet eine prozessuale Voraussetzung des ganzen singulären Verfahrens, wie es § 2 mit der Einführung einer „Ladung" seitens des Schuldners schafft.

Die Forderung muß eine vor den ordentlichen Gerichten — also nicht Kaufmannsgerichten usw. — geltend zu machende Geldforderung sein, die vor dem 31. Juli 1914 entstanden ist; s. Bem. 13. Auch Judikatsforderungen und Forderungen, für welche vollstreckbare Titel nach § 794 ZPO. bestehen, können in Frage kommen, wenn der Schuldner ein Interesse daran hat, der drohenden Zwangsvollstreckung zeitig zuvorzukommen und sich nicht mit der Einstellung der Zwangsvollstreckung zu begnügen (gemäß § 3). Eine Angabe der Gründe für die Zahlungsfrist braucht in der Ladung noch nicht enthalten zu sein; die Begründung, die im übrigen glaubhaft zu machen ist, kann auch erst in der mündlichen Verhandlung erfolgen.

[20]) ohne Rücksicht auf die Höhe der Forderung.

[21]) §§ 12 ff. ZPO.; nach Güthe JMBl. 14 S. 756 soll auch Vereinbarung eines anderen Gerichts (§§ 38 ff. ZPO) zulässig sein.

[22]) vgl. §§ 496, 497 ZPO.; nicht der Schuldner, sondern der Gerichtsschreiber „ladet".

[23]) Der Gläubiger, also der Kläger, hat ein Anerkenntnisurteil zu beantragen, natürlich über den anerkannten Betrag (§ 307 ZPO.); einen anderen Anspruch kann er in diesem Verfahren nicht verfolgen. In der mündlichen Verhandlung hierüber ist zugleich über den Stundungsantrag des Beklagten zu verhandeln. Die Verhandlung über den Antrag ist trotz ihres kontradiktorischen Charakters keine selbständige, getrennte Verhandlung, sondern bildet eine Einheit mit der Verhandlung in der Hauptsache, so daß die hierfür zu erhebende Gebühr auch die Verhandlung über den Stundungsantrag mitumfaßt; der Antrag unterliegt nicht als ein einzelner Akt einer besonderen Besteuerung (a. M. Eckstein JW. 14 S. 969, der für den „Stundungsanspruch" eine volle Verhandlungsgebühr zubilligt; Bendix ebenda S. 966). Im übrigen s. wegen Ermäßigung der Gerichtsgebühren § 4 Abs. 2. Von der Gebührenpflicht verschieden ist die Kostenpflicht; es gilt hier das zu Anm. 8 Ausgeführte in noch höherem Maße, da das Verfahren nach § 2 eine ganz besondere Vergünstigung für den Schuldner darstellt, und es nur billig ist, ihm auch ganz die Kosten für ein Verfahren aufzuerlegen, in dem er eine gegen sich selbst gerichtete Verurteilung anstrebt; dies mag auch mitbestimmend für die Herabsetzung der Gerichtsgebühren gewesen sein.

In dem Anerkenntnisurteil ist zugleich über die Bestimmung der Zahlungsfrist zu erkennen; sowohl die Bewilligung als die Ablehnung haben in dieser Form zu geschehen.

Die „Ladung des Schuldners" ist prozessual etwas ganz Besonderes und muß daher auf den bestimmten Fall beschränkt bleiben. Bei der Singularität der Vorschrift ergibt sich, daß in allen anderen Fällen — sei es, daß der Gläubiger ein Anerkenntnisurteil nicht begehrt oder eine der Parteien, gleichviel welche, ausbleibt — weder eine Fristgewährung möglich ist, noch überhaupt ein Verfahren läuft. Es findet nicht nur kein Versäumnisverfahren statt, vielmehr ist das ganze außergewöhnliche Verfahren des § 2 beendet; der Gläubiger, der kein Ladungsrecht hat, darf auch nicht den ausgebliebenen Schuldner neu laden und ist gehalten, die entstandenen Kosten in einem besonderen Prozesse als Schaden einzuklagen; der Schuldner — mag der Gläubiger oder er selbst nicht erschienen sein — darf auch nicht mehr laden, da sich sein Recht in einer einmaligen Ladung erschöpft und er im übrigen einen erzwingbaren Anspruch gegen den Gläubiger auf Erscheinen nicht geltend machen kann (vgl. hierzu Kipp DJZ. 14 S. 1029 und Güthe JMBl. 14

S. 756; a. M. Levis, Recht 14 S. 596 f., der ganz allgemein ein Versäumnisverfahren zuläßt, und Freiesleben DJZ. 14 S. 1158, der ein Versäumnisurteil gegen den Gläubiger gewähren will; Kaufmann JW. 14 S. 813).

Wegen der vorläufigen Vollstreckbarkeit s. § 708 Ziff. 1 ZPO.; wegen des Fortfalls oder der Ermäßigung der Gerichtsgebühren s. § 4 Abs. 2 dieser Verordnung, dagegen verbleibt es wegen der außergerichtlichen Gebühren bei den allgemeinen Vorschriften; wegen der Anfechtbarkeit s. Anm. 9.

[24]) Die entsprechende Anwendung ergibt keine Schwierigkeiten. Die Behauptungen des Stundungsantrages sind glaubhaft zu machen; die Zahlungsfrist von längstens 3 Monaten ist nur unter Abwägung der beiderseitigen Interessen der Parteien zulässig und kann für den Gesamt- oder einen Teilbetrag, nötigenfalls unter der Auflage einer Sicherheitsleistung, erfolgen; der Zinsenlauf bleibt unberührt.

§ 3. Das Vollstreckungsgericht[25]) kann die Vollstreckung in das Vermögen[26]) des Schuldners auf dessen Antrag für die Dauer von längstens drei Monaten einstellen.[27]) Die Frist beginnt mit der Bekanntmachung des Beschlusses an den Schuldner. Die Vorschriften des § 1 Abs. 1 Satz 2, 3, Abs. 2 sind entsprechend anzuwenden.[28])

Ist eine Zahlungsfrist bereits[29]) nach den §§ 1, 2 bestimmt worden, so findet § 3 Abs. 1 keine Anwendung.[30]) [31])

[25]) § 764 ZPO. Die Einstellung kann nur durch ein Vollstreckungsgericht, nie durch das Prozeßgericht erfolgen (vgl. Kammergericht DJZ. 14 S. 1208).

[26]) in das bewegliche und unbewegliche Vermögen.

[27]) Nur die Einstellung (nicht etwa Bewilligung einer Zahlungsfrist vgl. OLG. Braunschweig DJZ. 14 S. 1306) ist zulässig, nicht die Aufhebung der erfolgten Vollstreckungsmaßregel. Voraussetzung ist im übrigen, daß die Zwangsvollstreckung schon begonnen hat (§ 750 ZPO.); a. M. Güthe, JMBl. 14 S. 757 unter Berufung auf RG. 32 S. 395, das aber nicht die Fälle eines Vollstreckungsgerichts, sondern eines andern Gerichts im Auge hat; vgl. auch Bayerisches JMBl. 14 S. 152; dagegen Hirsch JW. 14 S. 962 f. Will der Schuldner einer drohenden Vollstreckung vorbeugen, so muß er nach § 2 verfahren; vgl. Anm. 19. Gleichgültig ist, welcher Art der Vollstreckungstitel (Urteil, Vergleich, vollstreckbare Urkunde usw.) ist; auch die Vollstreckung von Urteilen der Sondergerichte sind hierher zu zählen (Freiesleben DJZ. 14 S. 1159; Levis, Recht 14 S. 598; a. M. Güthe JMBl. 14 S. 757). In Betracht kommen alle Akte der Zwangsvollstreckung, auch das Offenbarungseid-, das Arrestverfahren und die einstweilige Verfügung (Güthe a. a. O.). Ist die Vollstreckung bereits beendet, so kann eine Einstellung nicht mehr erfolgen.

Der Antrag auf Einstellung ist nur zulässig, wenn wegen einer vor dem 31. Juli 1914 entstandenen Geldforderung vollstreckt werden soll. Der Schuldner muß jeder einzelnen Vollstreckungshandlung gegenüber den Stundungs- oder richtiger Einstellungsantrag stellen; das jeweilig zuständige Amtsgericht hat darüber zu entscheiden. Dies ergibt sich aus der im Satz 2 § 1 auferlegten individuellen Prüfung jedes Falles (so Güthe a. a. O. gegen Levis a. a. O.).

Das Vollstreckungsgericht kann über den Antrag eine vorgängige mündliche Verhandlung anordnen (Abs. 3 § 764 ZPO.). Die Einstellung der Zwangsvollstreckung, sowie die Ablehnung des Antrages erfolgen durch Beschluß des Vollstreckungsgerichts. Hiergegen findet nach § 793 ZPO. die sofortige Beschwerde statt; es kann dann das Beschwerdegericht die Einstellung anordnen oder die Frist der Einstellung abändern.

Im Gegensatz zur Zahlungsfrist äußert die Einstellung keine Wirkung auf die Forderung selbst (s. Anm. 17); die Fälligkeit der Forderung und ihre Folgen bleiben unberührt (JW. 14 S. 794; Levis, Recht 14 S. 601; Güthe JMBl. 14 S. 752).

[28]) Die entsprechende Anwendung ergibt: die Einstellung der Vollstreckung ist zulässig, wenn die Lage des Schuldners sie rechtfertigt und die Einstellung dem Gläubiger nicht einen unverhältnismäßigen Nachteil bringt; sie kann für den Gesamtbetrag oder einen Teilbetrag der Forderung erfolgen und von der Leistung einer nach freiem Ermessen des Gerichts zu bestimmenden Sicherheit abhängig gemacht werden. Der Antrag auf Einstellung ist nur zulässig, wenn wegen einer vor dem 31. Juli 1914 entstandenen Geldforderung vollstreckt werden soll. Die tatsächlichen Behauptungen, die den Einstellungsantrag begründen, sind glaubhaft zu machen.

Im Hinblick auf die Frage der Zulässigkeit der Einstellung erscheint die regelmäßige Anhörung des Gläubigers geboten (LG. I Berlin DJZ. 14 S. 1307).

[29]) durch das Prozeßgericht (§ 1) oder durch das Amtsgericht gemäß § 2.

[30]) Das Vollstreckungsgericht darf die Einstellung nicht mehr bewilligen, wenn schon über den Stundungsantrag eine Entscheidung des Prozeß- oder Amtsgerichts vorliegt, sei es, daß die Frist gewährt oder abgelehnt ist. Es ist nicht angängig, die Einstellungsbefugnis nur für den Fall der Bewilligung der Frist (Güthe JMBl. 14 S. 758; s. auch OLG. Hamburg DJZ. 14 S. 1307), nicht dagegen für den Fall der Ablehnung zu versagen, da man sonst den Vollstreckungsrichter in die Lage bringt, die Entscheidung des erkennenden Gerichts über die Stundung materiell nachzuprüfen, eine Befugnis, die mit den Grundsätzen der ZPO. in Widerspruch steht (so auch Striemer JW. 14 S. 851; vgl. ferner Freiesleben DJZ. 14 S. 1159; Levis, Recht 14 S. 599). Aus diesem Grunde darf das Vollstreckungsgericht, auch wenn neue Tatsachen vorgebracht werden, weder eine bewilligte Frist verlängern, noch eine Frist neu bestimmen. Ist aber überhaupt noch nicht über ein Stundungsgesuch entschieden, sei es, daß es verabsäumt worden ist, den Antrag auf Bestimmung einer Zahlungsfrist zu stellen, sei es, daß der Antrag im Urteil übergangen ist, so kann die Einstellung der Vollstreckung nachgesucht und bewilligt werden.

[31]) Wegen der Gebühren für das Verfahren vor dem Vollstreckungsgericht wird der § 35 Nr. 1 des Gerichtskostengesetzes entsprechend anzuwenden sein (Bayerisches JMBl. S. 154).

§ 4. Wird ein[32]) Rechtsstreit durch einen vor Gericht abgeschlossenen oder dem Gerichte mitgeteilten[33]) Vergleich erledigt, so werden die Gerichtsgebühren[34]) nur zur Hälfte erhoben; übersteigt der Streitgegenstand nicht einhundert Mark, so werden Gerichtsgebühren nicht erhoben.

Das gleiche gilt, wenn ein Anerkenntnisurteil nach § 2[35]) ergeht.

§ 5. Diese Verordnung tritt mit dem Tage der Verkündung in Kraft.

Berlin, den 7. August 1914.

Der Stellvertreter des Reichskanzlers: Delbrück.

[32]) Ein Rechtsstreit = jeder Rechtsstreit. Die Kostenermäßigung gilt ganz allgemein für alle bürgerlichen Rechtsstreitigkeiten — auch vor den besonderen Gerichten, wie Kaufmanns- und Gewerbegerichten — gleichviel, ob sie Geldforderungen oder andere, selbst nicht vermögensrechtliche Ansprüche betreffen, ob Zahlungsfristen nachgesucht sind oder nicht, ob die Prozesse bereits anhängig sind oder erst anhängig werden (a. M. Eckstein JW. 14 S. 968 f., der die Vergünstigung nur für Stundungsprozesse gelten läßt). Im Gegensatz hierzu trifft Abs. 2 eine Sonderregelung: Die Beschränkung für ein „Anerkenntnisurteil nach § 2".

[33]) durch Schriftsatz zu den Akten oder auch mündlich im Verhandlungstermin.

[34]) nur die Gerichtsgebühren, nicht auch die außergerichtlichen Gebühren. Die Gerichtsgebühren werden aber sämtlich nur zur Hälfte erhoben, nicht etwa nur die für den Vergleich geschuldeten (a. M. Eckstein JW. 14 S. 969). Die Ermäßigung gilt, wenn der Verlgeich erst in der höheren Instanz geschlossen wird, auch für die Gerichtsgebühren der früheren Instanz. Wegen der Pauschsätze, die m. E. den Gebühren gleichzustellen sind, s. Güthe JMBl. 14 S. 759 u. Eckstein a. a. O.

[35]) Das Anerkenntnisurteil im gewöhnlichen Verfahren erhält keine Kostenermäßigung (a. M. Eckstein a. a. O. S. 967).

Bekanntmachung über die Folgen der nicht rechtzeitigen Zahlung einer Geldforderung.[1])

Vom 18. August 1914 (RGBl. S. 377).

Der Bundesrat hat auf Grund des § 3 des Gesetzes über die Ermächtigung des Bundesrats zu wirtschaftlichen Maßnahmen usw. vom 4. August 1914 (Reichs-Gesetzbl. S. 327) folgende Verordnung erlassen:

§ 1. In bürgerlichen Rechtsstreitigkeiten,[2]) die bei den ordentlichen Gerichten[3]) anhängig sind oder anhängig werden,[4]) kann[5]) das

Prozeßgericht[6]) — unbeschadet[7]) der Befugnis, gemäß der Bekanntmachung vom 7. August 1914 (Reichs-Gesetzbl. S. 359) Zahlungsfristen zu bewilligen — auf Antrag des Schuldners[8]) im Urteil[9]) anordnen, daß die besonderen Rechtsfolgen,[10]) die wegen der Nichtzahlung oder der nicht rechtzeitigen Zahlung[11]) einer vor dem 31. Juli 1914 entstandenen Geldforderung[12]) nach Gesetz[13]) oder Vertrag[14]) eingetreten sind oder eintreten[15]) (Verpflichtung zur Räumung wegen Nichtzahlung des Mietzinses, Fälligkeit des Kapitals wegen Nichtzahlung von Zinsen usw.), als nicht eingetreten gelten;[16]) das Gericht kann auch anordnen, daß die Folgen nur unter einer Bedingung, insbesondere erst nach dem fruchtlosen Ablauf einer auf höchstens drei Monate zu bemessenden Frist, eintreten.[17])

Die Anordnungen sind unzulässig, wenn die Rechtsfolgen am 31. Juli 1914 bereits eingetreten waren.

Die Vorschriften des § 1 Abs. 1 Satz 2, 3, Abs. 2 Satz 2[18]) sowie die Vorschriften des § 2[19]) der Bekanntmachung vom 7. August 1914 (Reichs-Gesetzbl. S. 359) gelten entsprechend.

[1]) Siehe Bemerkungen S. 27. Die Verordnung stellt eine Ergänzung der Verordnung über die gerichtliche Bewilligung von Zahlungsfristen dar; sie knüpft an den Fall an, in dem der Schuldner eine Zahlungsfrist erhält, läßt aber die gerichtliche Stundungsbefugnis unberührt und gilt unabhängig hiervon auch für den Fall, daß der Schuldner einer Zahlungsfrist nicht bedarf, z. B. im Hinblick auf die inzwischen erfolgte Zahlung — oder darauf keinen Anspruch mehr hat, sei es, weil ihm die Bewilligung einer Frist versagt ist, oder weil die Frist bereits abgelaufen ist. Die Erleichterungen, die die Verordnung zuläßt, können gewährt werden, sowohl bevor die Folgen der Nichtzahlung eingetreten sind, als auch, nachdem dies geschehen ist. Immer handelt es sich aber um Folgen, die an das Ausbleiben einer Geldleistung, nicht an andere Nichtleistungen oder Umstände geknüpft sind, wie z. B. Fälligkeit des Hypothekenkapitals beim Konkurse des Eigentümers oder an eine Kündigung.

Im übrigen sind die Grundsätze über den Erlaß der Anordnungen und über das Verfahren dieselben wie diejenigen über die Bewilligung der Zahlungsfrist (Abs. 3 § 1); selbst Ausländer können berücksichtigt werden.

[2]) vgl. Anm. 1 S. 74. Gegenstand des Rechtsstreits ist entweder die Geldforderung, aus deren Nichtzahlung die besonderen Rechtsfolgen sich ergeben, oder der sich aus der Nichtzahlung ergebende Anspruch oder eine Verbindung der Geldforderung und des Anspruchs (so Güthe JMBl. 14 S. 759).

[3]) vgl. Anm. 2 S. 74. [4]) vgl. Anm. 3 S. 74.

[5]) vgl. Anm. 4 S. 74. [6]) vgl. Anm. 5 S. 74.

[7]) Die vorstehende Verordnung berührt die Stundungsbefugnis des Gerichts in keiner Weise. Mit dem Antrage auf Bewilligung der Zahlungsfrist kann zwar zugleich der Antrag auf Anordnung der Beseitigung der Folgen der Nichtzahlung verbunden werden; Stundung und Außerkraftsetzung der Rechtsfolgen sind aber im übrigen unabhängig von einander; es kann der Zahlungsaufschub abgelehnt und die Aufhebung der Fälligkeit angeordnet werden und umgekehrt. Es macht auch keinen Unterschied, in welcher Reihenfolge der Schuldner die Vergünstigungen nacheinander nachsucht; nur ist darauf Bedacht zu nehmen, daß die Stundung an sich nicht die bereits eingetretenen allgemeinen Rechtsfolgen aufhebt; vgl. Anm. 17 S. 79.

[8]) vgl. Anm. 6 S. 75. [9]) vgl. Anm. 8 S. 75.

[10]) Den „besonderen" Rechtsfolgen stehen die „allgemeinen" gegenüber, d. h. soweit gesetzliche Folgen in Betracht kommen diejenigen, die sich aus den allgemeinen Lehren des Rechtes der Schuldverhältnisse oder, wie man früher sagte, aus dem „allgemeinen Teil des Obligationenrechts" ergeben (vgl. Dernburg, Bürgerl. R. § 5 II, 1), also aus den ersten 6 Abschnitten des 2. Buchs BGB., das ist § 241 bis § 432 BGB. Demgemäß sind unter den „besonderen" Rechtsfolgen nur solche zu verstehen, die den „einzelnen Schuldverhältnissen" eigen sind, wie z. B. §§ 455, 554, 775 Ziff. 3 BGB. usw. (Kipp in DJZ. 1914 S. 1030 will „alles, was als Rechtsnachteil der Nichtzahlung oder nicht rechtzeitigen Zahlung erscheint", erfaßt wissen und spricht damit dem Ausdruck „besondere" Sachen jede Bedeutung ab; vgl. dagegen JW. 1914 S. 903, ferner Kaufmann ebenda S. 812, Striemer ebenda S. 849 f. und Freiesleben DJZ. 14 S. 1157; a. M. Güthe JMBl. 14 S. 760, der den Gegensatz zu den besonderen Folgen lediglich in der Erlangung eines Rechts auf Zwangsdurchführung der Forderung sieht.) Im Gegensatz hierzu umfaßt der § 2 des Zahlungsverbots gegen England (S. 117) alle Rechtsfolgen, nicht nur die „besonderen".

Die „allgemeinen" Rechtsfolgen der Nichtzahlung, zu denen namentlich die Leistung von Verzugszinsen, das Recht des Rücktritts und der Schadensersatzanspruch zu rechnen sind, sind in der Verordnung ausgenommen; sie können also nicht beseitigt werden. Dies ist um so mißlicher, als die Verordnung über die gerichtliche Bewilligung von Zahlungsfristen nur einen unvollkommenen Ausgleich schafft. Die gerichtliche Stundung mag wohl die Aufhebung des Schuldnerverzugs für die Zukunft — mit Ausnahme der Verzugszinsen — nach sich ziehen, sie kann aber nicht die bereits eingetretenen Verzugsfolgen ungeschehen machen.

Als Beispiel für die besonderen Rechtsfolgen nennt die Verordnung die Räumungspflicht wegen Nichtzahlung des Mietzinses, und die Fälligkeit des Kapitals wegen Nichtzahlung von Zinsen.

[11]) Die Folgen müssen an eine Nichtzahlung, d. h. das Ausbleiben einer Geldleistung, geknüpft sein, nicht an sonstige Nichtleistungen, wie die Nichterfüllung eines Anspruchs auf Lieferung einer Sache, auch nicht an andere Umstände, wie Fälligkeit des Hypothekenkapitals bei Konkurs-

eröffnung über das Vermögen des Schuldners oder bei einer Veräußerung oder Einleitung der Zwangsversteigerung über sein Grundstück (s. dazu Güthe JMBl. 14 S. 760, Striemer JW. 14 S. 850).

[12]) vgl. Anm. 13 auf S. 77.

[13]) z. B. §§ 455, 554, 775 Ziff. 3 BGB.; § 1, § 4 Abs. 2 des Gesetzes betr. die Abzahlungsgeschäfte vom 16. Mai 1894.

[14]) Vertragsstrafen, Erhöhung des Zinsfußes bei Ausbleiben einer Zinszahlung.

[15]) Die Anordnung ist also zulässig, bevor die Rechtsfolge verwirkt ist.

[16]) Der Ausdruck „als nicht eingetreten gelten" paßt im Grunde nur auf bereits eingetretene Folgen; Tatsachen, die geschehen sind, können nicht ungeschehen gemacht, sondern können nur als solche behandelt werden. Dagegen kann bei erst zu erwartenden Tatsachen der Eintritt verhindert werden; hier läßt sich anordnen, daß die Tatsachen nicht eintreten, statt daß sie „als nicht eingetreten gelten".

[17]) Die richterliche Anordnung, die im Urteile zu treffen ist, kann sonach — unter gleichzeitiger Anwendung der im Abs. 3 angegebenen Vorschriften — die Rechtsfolgen bedingt oder unbedingt beseitigen; sie kann sämtliche oder auch nur einzelne Folgen außer Kraft setzen. Auch kann die Anordnung von einer Sicherheitsleistung des Schuldners abhängig gemacht werden.

Die Voraussetzung der Anordnung ist eine dreifache:

1. es muß sich um eine vor dem 31. Juli 1914 entstandene Geldforderung handeln, vgl. Anm. 13 S. 77;
2. die Lage des Schuldners muß die Anordnung der Beseitigung rechtfertigen, und diese darf dem Gläubiger nicht einen unverhältnismäßigen Nachteil bringen. Also auch hier wird eine sorgsame Abwägung der beiderseitigen Interessen erfordert; vgl. im übrigen Anm. 10 S. 76;
3. die Rechtsfolgen dürfen erst nach dem 31. Juli 1914 eingetreten sein oder eintreten (Abs. 2). Ist zum Eintritt der Rechtsfolge außer der Nichtzahlung noch eine weitere Tatsache erforderlich, wie z. B. eine Kündigung, so genügt es, wenn diese sich nach dem 31. Juli 1914 vollzieht, um die Folge als nach diesem Zeitpunkt „eingetreten" zu erachten (Güthe JMBl. 14 S. 750; a. M. Asch JW. 14 S. 854).

Wegen der Fassung der bedingten Urteile, z. B. wenn der Beklagte bis zum 15. Nov. 1914 100 *M* an den Kläger zahlt, wird die Klage auf Räumung abgewiesen; andernfalls wird der Beklagte verurteilt, am 15. Nov. 1914 die Wohnung zu räumen . . . sowie wegen der Vollstreckung solch bedingter Urteile, für die mangels besonderer Regelung der Gläubiger befugt sein muß, nach fruchtlosem Ablauf der Frist ohne weiteres sich die Vollstreckungsklausel erteilen zu lassen und einen Gerichtsvollzieher mit der zwangsweisen Räumung zu beauftragen siehe im einzelnen Güthe; JMBl. 14 S. 761 f. Dem Schuldner liegt es ob, den Eintritt der Bedingung nachzuweisen und die Vollstreckung abzuwehren.

Auch die Ablehnung einer Anordnung gemäß § 1 Abs. 1 ist in der Urteilsformel auszusprechen.

Die Entscheidung (Anordnung und Ablehnung) unterliegt den ordentlichen Rechtsmitteln.

[18]) Die tatsächlichen Behauptungen, die den Antrag auf Anordnung der Beseitigung der Folgen begründen, sind glaubhaft zu machen.

[19]) Der Schuldner kann, und zwar schon bevor die Folgen der Nichtzahlung eingetreten sind, ohne Rücksicht auf die Höhe des Streitwertes den Gläubiger vor das Amtsgericht, vor dem dieser seinen allgemeinen Gerichtsstand hat, zur mündlichen Verhandlung über den Antrag auf Erlaß der Anordnung laden. Der Antrag muß, sofern die Geldforderung des Gläubigers noch besteht, die Anerkennung der Forderung selbst, andernfalls nur die Anerkennung des Eintritts der infolge der Nichtzahlung entstandenen Rechtsfolge enthalten. Die Tatsachen, die eine Beseitigung des erfolgten oder künftigen Eintritts der Rechtsfolgen begründen sollen, sind glaubhaft zu machen. Die Anordnung sowie die Ablehnung kann nur in dem Anerkenntnisurteil ergehen, das auf Antrag des Gläubigers zu erlassen ist. Ein Widerspruch ergibt sich allerdings, wenn es sich in diesem Verfahren ausschließlich um die Beseitigung der Folgen handelt, der Schuldner den Eintritt der Folgen anerkennt, und der Richter sodann den unbedingten Wegfall der Folgen ausspricht, das „Anerkenntnisurteil" also zu einem Abweisungsurteil wird (Freiesleben DJZ. 14 S. 1159). Dieses anormale Anerkenntnisverfahren wird man der Singularität der ganzen Vorschrift zugute halten müssen. Ein Versäumnisverfahren ist nicht zugelassen (vgl. Anm. 23 S. 81). Im übrigen kann der Schuldner gleichzeitig auch zur Verhandlung über die Bestimmung einer Zahlungsfrist (§ 2 der Verordnung vom 7. Aug. 1914) laden (etwas abweichend Güthe JMBl. 14 S. 763, der 2 Arten des Verfahrens unterscheidet).

§ 2. Die Kosten des Prozesses können der obsiegenden Partei ganz oder teilweise auferlegt werden, wenn sie auf Grund einer gemäß § 1 getroffenen Anordnung obsiegt.[20])

[20]) Wenn der Beklagte nur auf Grund einer Anordnung gemäß § 1 obsiegt, während ohne diese der Rechtsstreit zugunsten des Klägers zu entscheiden gewesen wäre, so können gleichwohl, abweichend von § 91 ZPO., die Prozeßkosten dem Beklagten ganz oder teilweise auferlegt werden (s. hierzu Freiesleben DJZ. 14 S. 1160).

Was die Gebührenpflicht betrifft, so bildet die mündliche Verhandlung über die Geldforderung und über die Anordnung der Beseitigung der Folgen auch beim Anerkenntnisverfahren eine Einheit, sodaß für die Verhandlung über die Anordnung der Beseitigung keine besondere Gebühr zur Erhebung kommt; betrifft die Verhandlung ausschließlich die Anordnung der Beseitigung, so liegt eine selbständige Verhandlung vor, die für sich gebührenpflichtig ist.

Wegen der Höhe der Gerichtsgebühren kommt § 4 der Verordnung vom 7. Aug. 1914 zur Anwendung, und zwar der Abs. 1 bei seiner allgemeinen Geltung (s. Anm. 32 S. 84) ohne weiteres, während die Anwendung des Abs. 2 aus der im § 1 Abs. 3 der vorliegenden Verordnung enthaltenen Bezugnahme auf § 2 jener Verordnung zu folgern sein dürfte.

§ 3. Hat der Gläubiger für seine Forderung[21]) einen vollstreckbaren Titel,[22]) so kann der Schuldner den Antrag,[23]) die Rechtsfolgen der Nichtzahlung oder der nicht rechtzeitigen Zahlung zu beseitigen (§ 1), durch Einwendung gegen die Zulässigkeit der Vollstreckungsklausel (§ 732 der Zivilprozeßordnung) geltend machen.[24]) Diese Bestimmung findet keine Anwendung, wenn bereits[25]) eine Anordnung nach § 1 getroffen worden ist.[26])

§ 4. Diese Verordnung tritt mit dem Tage der Verkündung in Kraft.

Berlin, den 18. August 1914.

Der Stellvertreter des Reichskanzlers: Delbrück.

[21]) sei es für die maßgebliche Geldforderung oder für den aus ihrer Nichtzahlung entstandenen Anspruch oder beides (so Güthe JMBl. 14 S. 759 gegen Kipp DJZ. 14 S. 1031).

[22]) jeder Art; außer Urteilen kommen vor allem die Titel des § 794 ZPO. in Betracht.

[23]) Der Antrag ist zulässig, bevor die Vollstreckung begonnen hat, aber nicht, bevor die Vollstreckungsklausel erteilt ist. Hat der Schuldner ein Interesse daran, schon früher festgestellt zu wissen, ob die Rechtsfolge in Kraft bleibt oder nicht — was bei vollstreckbaren Urkunden gemäß § 794 Nr. 5 ZPO. gewiß oft eintreten wird —, so wird der Schuldner das Anerkenntnisverfahren gemäß Abs. 3 § 1 dieser Verordnung in Verbindung mit § 2 der Verordnung vom 7. Aug. 1914 einleiten müssen.

[24]) Über den Antrag entscheidet das Gericht, von dessen Gerichtsschreiber die Vollstreckungsklausel erteilt ist (§§ 724 Abs. 2, 732 ZPO.) oder bei einer notariellen Urkunde das Amtsgericht, in dessen Bezirk der Notar seinen Amtssitz hat (§ 797 Abs. 3 ZPO.).

Das Gericht kann über den Antrag in mündlicher Verhandlung oder auch ohne solche entscheiden. Es kann vor der Entscheidung eine einstweilige Anordnung erlassen, insbesondere dahingehend, daß die Zwangsvollstreckung gegen oder ohne Sicherheitsleistung einstweilen einzustellen oder nur gegen Sicherheitsleistung fortzusetzen sei.

Wegen der sonstigen Voraussetzungen und des Inhalts der Anordnung siehe Anm. 17 u. 18 S. 87.

Gegen den Beschluß (auch Ablehnung) ist sofortige Beschwerde zulässig (§§ 793, 795 ZPO.).

Wegen der Gebühr kommt § 38 Ziff. 3 des Gerichtskostengesetzes zur Anwendung.

[25]) durch das Prozeßgericht oder durch das Amtsgericht.

[26]) Wie im Abs. 2 des § 3 der Verordnung vom 7. Aug. 1914 (vgl. Anm. 30 S. 83), ist auch hier die Einwendung gegen die Zulässigkeit der Vollstreckungsklausel nicht mehr zuzulassen, sobald schon irgend eine Entscheidung des Prozeß- oder Amtsgerichts über die Beseitigung der Rechtsfolgen vorliegt; dies gilt in gleicher Weise für den Fall der Anordnung wie für den Fall der Ablehnung, und zwar auch dann, wenn neue Tatsachen nachträglich vorgebracht werden (a. M. Güthe JMBl. 14 S. 764). Ist dagegen nur verabsäumt worden, den Antrag auf Beseitigung der Folgen rechtzeitig zu stellen oder ist der Antrag im Urteil übergangen, so ist die Erhebung des Antrages als „Einwendung" noch zulässig.

Bekanntmachung über das Mindestgebot bei der Versteigerung gepfändeter Sachen.

Vom 8. Oktober 1914[1]) (RGBl. S. 427).

Der Bundesrat hat auf Grund des § 3 des Gesetzes über die Ermächtigung des Bundesrats zu wirtschaftlichen Maßnahmen usw. vom 4. August 1914 (Reichs-Gesetzbl. S. 327) folgende Verordnung erlassen:

§ 1. Soweit eine Zwangsvollstreckung in körperliche Sachen nach den Vorschriften der Zivilprozeßordnung[2]) stattfindet, ist der gewöhnliche Verkaufswert[3]) der gepfändeten Sachen vor der Versteigerung[4]) zu schätzen.

Die Schätzung erfolgt durch den Gerichtsvollzieher.[5]) Ist gemäß § 813 der Zivilprozeßordnung zur Pfändung ein Sachverständiger zugezogen,[6]) so hat dieser die Schätzung vorzunehmen. Mit der Schätzung gepfändeter Wertpapiere, die einen Börsen- oder Marktpreis nicht haben,[7]) hat der Gerichtsvollzieher einen kaufmännischen Sachverständigen zu beauftragen; bei der Schätzung darf der gewöhnliche Verkaufswert[8]) solcher Wertpapiere, die in der letzten Woche vor dem 31. Juli 1914 noch einen Börsen- oder Marktpreis hatten, nicht unter dem letzten in dieser Woche amtlich notierten Markt- oder Börsenpreis festgestellt werden. In anderen Fällen kann der Gerichtsvollzieher einen Sachverständigen mit der Schätzung beauftragen.

Die Schätzung soll tunlichst bei der Pfändung erfolgen. In diesem Falle ist ihr Ergebnis in das Protokoll aufzunehmen.

Für Kostbarkeiten[7]) bewendet es bei der Vorschrift im § 814 der Zivilprozeßordnung.

[1]) Die Verordnung führt nach dem Vorbilde der österreichischen Exekutionsordnung allgemein für die Versteigerung körperlicher Sachen, soweit sie im Wege der Zwangsvollstreckung nach der Zivilprozeßordnung stattfindet, ein Mindestgebot ein. Im Hinblick darauf, daß in Kriegszeiten die Ergebnisse der Versteigerungen weit hinter dem gewöhnlichen Verkaufswerte der Pfandstücke zurückbleiben und bei dem Fehlen einer Mindestgrenze für die Zulässigkeit eines Gebots — abgesehen von Gold- und Silbersachen und Börsenpapieren — der Zuschlag zu jedem Preise zu erfolgen hat, sind schwere Schädigungen der Schuldner unvermeidlich, denen in Kriegszeiten mehr Sachen abgepfändet werden müssen, als sonst in Friedenszeiten zur Deckung des Gläubigers erforderlich sind. Infolgedessen bestimmt die Verordnung, daß der Zuschlag nur auf ein Gebot erteilt werden darf, das mindestens die Hälfte des gewöhnlichen Verkaufswerts des Pfandes erreicht (§ 3).

[2]) d. i. das 8. Buch II. Titel, also die §§ 808—827. Soweit diese Vorschriften für irgend ein Vollstreckungsverfahren, nicht nur für das gerichtliche, sondern auch jedes andere, wie das Verwaltungszwangsverfahren und das Verfahren auf dem Gebiete der freiwilligen Gerichtsbarkeit gesetzlich zur Anwendung kommen, erfahren sie eine Abänderung nach Maßgabe der ganzen Verordnung; die Einschränkung im Abs. 1 auf die Abschätzung des gewöhnlichen Verkaufswerts ist ungenau; vor allem ist das Mindestgebot zu beobachten.

[3]) Derjenige Preis, der nach der objektiven Beschaffenheit der Sache unter normalen Verhältnissen erfahrungsgemäß im Verkehr bei einer Veräußerung gezahlt wird.

[4]) § 816 ZPO.

[5]) Schon bisher mußte das Pfändungsprotokoll mit Rücksicht auf § 803 Abs. 1 Satz 2 ein genaues Verzeichnis der Pfandstücke „nebst den von dem Gerichtsvollzieher geschätzten Werten" enthalten. (§ 72 der preuß. Geschäftsanweisung vom 24. März 1914.) Die Abschätzung liegt auch jetzt, von Ausnahmefällen abgesehen, dem Gerichtsvollzieher ob, doch kann er einen Sachverständigen mit der Schätzung beauftragen; dasselbe kann auf Anrufen des Gläubigers oder des Schuldners das Vollstreckungsgericht anordnen (§ 2).

[6]) Bei Pfändung stehender Früchte und in landwirtschaftlichen Betrieben hat der zugezogene landwirtschaftliche Sachverständige an Stelle des Gerichtsvollziehers die Schätzung vorzunehmen.

[7]) Am Orte der Zwangsvollstreckung oder an dem maßgeblichen Handelsplatze. Gepfändete Wertpapiere mit Börsen- oder Marktpreis sind gemäß § 821 ZPO. von dem Gerichtsvollzieher aus freier Hand zum Tageskurse zu verkaufen. Fehlt es an einem Preise, so sind sie zu versteigern. Für sie muß der Gerichtsvollzieher in gleicher Weise wie für Wertpapiere ohne Börsen- und Marktpreis einen kaufmännischen

Sachverständigen mit der Schätzung beauftragen. Dieser hat den gewöhnlichen Verkaufswert zu ermitteln, ist aber in der Feststellung der unteren Grenze bei bestimmten Papieren an die letzte Börsennotiz vor Kriegsausbruch gebunden.

[8]) vgl. Anm. 3.

[9]) Gold- und Silbersachen, Juwelen, Perlen, Edelsteine, Altertümer usw. § 814 ZPO. gebietet die Abschätzung der Kostbarkeiten allgemein vor der Verwertung.

§ 2. Das Vollstreckungsgericht kann auf Antrag des Gläubigers oder des Schuldners die Schätzung durch einen Sachverständigen anordnen.[10])

§ 3. Bei der Versteigerung der gepfändeten Sachen darf unbeschadet der Vorschrift im § 820 der Zivilprozeßordnung[11]) der Zuschlag[12]) nur auf ein Gebot erteilt werden, das mindestens die Hälfte des gewöhnlichen Verkaufswertes erreicht (Mindestgebot).[13])

Bei Wertpapieren,[14]) die von den auf Grund des Darlehnskassengesetzes vom 4. August 1914 (Reichs-Gesetzbl. S. 340) errichteten Darlehnskassen beliehen werden, darf das Mindestgebot nicht hinter dem Betrage zurückbleiben zu dem die Darlehnskassen Wertpapiere dieser Art beleihen.

Der gewöhnliche Verkaufswert und das Mindestgebot sind bei dem Ausbieten bekannt zu geben[15]).

[10]) soweit sie sonst durch den Gerichtsvollzieher erfolgen würde.

[11]) Gold- und Silbersachen dürfen auf keinen Fall unter dem Metallwert, der vom Schätzungswert verschieden sein kann, zugeschlagen werden; auf sie findet die Vorschrift des „Mindestgebots" keine Anwendung.

[12]) § 817 ZPO.

[13]) Das Mindestgebot ist die Hälfte des gewöhnlichen Verkaufswerts (vgl. Anm. 3); jedes unzureichende Gebot ist zurückzuweisen; der Zuschlag ohne Erreichung des Mindestgebots ist verboten. sofern der Schuldner nicht etwa ausdrücklich sein Einverständnis erklärt.

Hinsichtlich der Verletzung des Mindestgebots gilt das auf S. 38 zu G Gesagte. Die Veräußerung ist „nicht rechtmäßig" (§ 1243 Abs. 1 BGB. in analoger Anwendung des § 1240 Abs. 1), und es geht daher der Regel nach das Eigentum nicht über. Der Mangel kann aber durch den guten Glauben des Erstehers nach Maßgabe des § 1244 BGB. geheilt werden (vgl. Wolff, Die Zwangsvollstreckung in eine dem Schuldner nicht gehörige bewegliche Sache 1905 S. 10), d. h. wenn der Ersteher gutgläubig angenommen hat, daß sein Gebot „mindestens die Hälfte des gewöhnlichen Verkaufswerts" der Pfandsache (das Mindestgebot) erreiche. Für die

Beurteilung des guten oder bösen Glaubens wird daher die in Abs. 3 vorgeschriebene Bekanntgabe des Mindestgebots von größerer Bedeutung sein.

Im übrigen ist die Versteigerung, sofern sie noch nicht ganz durchgeführt ist, nur anfechtbar durch Erinnerung nach § 766 ZPO. und ev. Beschwerde nach § 793 ZPO.

[14]) Grundsätzlich gilt das Mindestgebot auch für Wertpapiere. Im Hinblick darauf jedoch, daß die für die Kriegszeit eingerichteten Darlehnskassen eine Reihe von Papieren zu einem die Hälfte ihres Wertes übersteigenden Betrage beleihen, ist besonders bestimmt, daß das Mindestgebot nicht hinter dem Betrage zurückbleiben darf, zu dem die Darlehnskassen Wertpapiere dieser Art beleihen.

[15]) Die Bekanntgabe soll den Kauflustigen einen Anhalt bieten. Wegen ihrer Bedeutung hinsichtlich des guten Glaubens des Erwerbers s. Anm. 13.

§ 4. Wird der Zuschlag nicht erteilt, weil ein das Mindestgebot erreichendes Gebot nicht abgegeben ist, so bleibt das Pfandrecht des Gläubigers bestehen.[16]) Er[17]) kann jederzeit die Anberaumung eines neuen Versteigerungstermins oder die Anordnung anderweitiger Verwertung[18]) der gepfändeten Sachen gemäß § 825 der Zivilprozeßordnung beantragen. Wird die anderweitige Verwertung angeordnet, so gilt § 3 entsprechend.[19])

§ 5. Diese Verordnung tritt nach Ablauf einer Woche seit dem Tage der Verkündung in Kraft.[20]) Den Zeitpunkt des Außerkrafttretens bestimmt der Reichskanzler.

Berlin, den 8. Oktober 1914.

Der Reichskanzler. In Vertretung: Lisco.

[16]) Das Unterbleiben des Zuschlags wegen eines unzureichenden Gebots ist ohne Einfluß auf den Bestand des Pfändungspfandrechts. Das Pfand ist nicht etwa als unverwertbar dem Schuldner zurückzugeben.

[17]) Nur der Gläubiger, nicht auch der Gerichtsvollzieher.

[18]) In anderer Weise oder an einem anderen Ort oder durch eine andere Person als den Gerichtsvollzieher, z. B. durch freihändigen Verkauf oder durch einen Auktionator.

[19]) Auch in diesem Falle darf nicht unter das Meistgebot gegangen werden.

[20]) Da die Verkündung am 9. Oktober 1914 erfolgt ist, mit dem 16. Oktober 1914.

Bekanntmachung, betreffend die Anordnung einer Geschäftsaufsicht zur Abwendung des Konkursverfahrens.*)

Vom 8. August 1914 (RGBl. S. 363).

Der Bundesrat hat auf Grund des § 3 des Gesetzes über die Ermächtigung des Bundesrats zu wirtschaftlichen Maßnahmen usw. vom 4. August 1914 (Reichs-Gesetzbl. S. 327) folgende Verordnung erlassen:

§ 1. Wer[1]) infolge des Krieges zahlungsunfähig geworden ist,[2]) kann bei dem für die Eröffnung des Konkursverfahrens zuständigen[3]) Gerichte die Anordnung einer Geschäftsaufsicht zur Abwendung des Konkursverfahrens beantragen.[4])

[1]) Natürliche oder juristische Person. Kaufmannseigenschaft ist nicht erforderlich.

[2]) Die Zahlungsstockung muß ohne Verschulden des Schuldners ausschließlich durch den „Krieg" und seine wirtschaftlichen Wirkungen verursacht sein. Der Einfluß anderer als kriegerischer Ereignisse hat auszuscheiden. Ohne weiteres sind alle Schuldner ausgeschlossen, die schon vor Ausbruch des Krieges zahlungsunfähig waren.

[3]) § 71 KO. Amtsgericht der gewerblichen Niederlassung, in Ermangelung einer solchen Amtsgericht des allgemeinen Gerichtsstandes des Schuldners.

[4]) Auch zu Protokoll des Gerichtsschreibers. Antragsberechtigt ist immer nur der Schuldner, nie der Gläubiger, obwohl auch er ein Interesse an der Verhütung des Konkurses haben kann, der im Gegensatz zu der gebührenfreien Geschäftsaufsicht (§ 12) erhebliche Kosten verursacht. Der Antrag ist nur solange zulässig, als nicht bereits das Konkursverfahren eröffnet ist.

---

*) Siehe Bemerkungen S. 44 f. und JMB. S. 129 f. Die Anordnung des Aufsichtsverfahrens gewährt dem Schuldner die Wohltat, daß in erster Reihe die Eröffnung des Konkursverfahrens schlechthin unterbleibt, und daß im übrigen sein Vermögen gegen Arreste und Zwangsvollstreckungen der meisten Gläubiger geschützt wird (§ 5). Das Bestehen einer Geschäftsaufsicht hindert aber nicht die Möglichkeit, den Schuldner zu verklagen, wie überhaupt Verzug und sonstige Folgen der Nichtleistung unberührt bleiben (Kipp DJZ. 14 S. 1032). Die gerichtliche Bewilligung einer Zahlungsfrist und der gerichtliche Ausschluß von Nachteilen der Nichtzahlung können daher ungeachtet des Bestehens einer Geschäftsaufsicht erfolgen.

§ 2. Der Schuldner hat mit dem Antrag[5]) ein Verzeichnis der Gläubiger unter Angabe ihrer Adressen, eine Übersicht[6]) des Vermögensstandes in Form einer Gegenüberstellung der einzeln aufzuführenden Aktiven und Passiven und, sofern er Kaufmann ist, auch die letzte Bilanz einzureichen.[7])

[5]) Die Schriftstücke sind mit dem Antrage einzureichen, nicht nachzuliefern wie im § 104 KO.

[6]) Vgl. Bekanntmachung des k. b. Justizministeriums vom 18. Aug. 1914 (JMBl. S. 158). In der Übersicht sollen die Aktiven und die Passiven nach ihrem Schuldgrunde (z. B. für Waren, als Darlehn) und ihrem Betrage einzeln aufgeführt werden. Auch die nach dem § 9 von dem Verfahren nicht betroffenen Passiven müssen aufgenommen werden; sie sollen als solche kenntlich gemacht werden. Bei den Aktiven muß deren Wert angegeben werden; ist eine Forderung zweifelhaft, so empfiehlt sich neben dem Nennwert den wahrscheinlichen Wert anzugeben. Die Aktiven und die Passiven sollen sodann je zusammen gerechnet und die Summe der Aktiven mit der der Passiven abgeglichen werden.

[7]) Die letzte Jahresbilanz § 39 Abs. 2 KO.

§ 3. Dem Antrag ist stattzugeben, wenn die Behebung der Zahlungsunfähigkeit[8]) nach Beendigung des Krieges in Aussicht genommen werden kann.[9])

Das Gericht entscheidet über den Antrag nach freiem Ermessen.[10])

[8]) § 102 KO.

[9]) Die Anordnung einer Geschäftsaufsicht hat zwei Voraussetzungen: a) die Zahlungsunfähigkeit muß infolge des Krieges eingetreten sein (§ 1); b) die Behebung der Zahlungsunfähigkeit kann nach Beendigung des Krieges in Aussicht genommen werden (§ 3). Fehlt es an einer der beiden Voraussetzungen, so kann die Anordnung nicht ergehen.

[10]) Vorherige Ermittelungen, insbesondere Zeugenvernehmungen sind zulässig, § 4 Abs. 2. Die Entscheidung ist unanfechtbar nach § 11.

§ 4. Wird dem Antrag stattgegeben, so bestellt das Gericht eine oder mehrere Personen[11]) zur Beaufsichtigung der Geschäftsführung des Schuldners und teilt den Gläubigern[12]) die Anordnung der Geschäftsaufsicht und die Aufsichtspersonen mit.[13])

§ 72, § 73 Abs. 1, 2 und § 75 der Konkursordnung gelten entsprechend.[14]) Öffentliche Bekanntmachungen finden nicht statt.[15])

[11]) Wegen der Auswahl der Aufsichtsperson s. JMB. vom 13. Aug. 1914 auf S. 129 u. 133.

[12]) Nicht an die nach § 9 von dem Verfahren nicht betroffenen Gläubiger.

[13]) Eine förmliche Zustellung ist nicht erforderlich.

[14]) Die entsprechende Anwendung lautet:

§ 72. Die Vorschriften der Zivilprozeßordnung finden, soweit nicht aus den entsprechend anwendbaren Bestimmungen der Konkursordnung sich Abweichungen ergeben, auf das Aufsichtsverfahren entsprechende Anwendung.

§ 73. Die Entscheidungen im Aufsichtsverfahren können ohne vorgängige mündliche Verhandlung erfolgen.

Die Zustellung geschieht von Amts wegen.

§ 75. Das Gericht kann zur Aufklärung aller das Verfahren betreffenden Verhältnisse die erforderlichen Ermittelungen, insbesondere die Vernehmung von Zeugen und Sachverständigen, anordnen.

[15]) Auch nicht für die Aufhebung der Geschäftsaufsicht. Ein Vermerk im Grundbuch findet ebenfalls nicht statt.

§ 5. Während der Dauer der Geschäftsaufsicht darf das Konkursverfahren über das Vermögen des Schuldners nicht eröffnet werden.[16]) Arreste und Zwangsvollstreckungen[17]) in das Vermögen des Schuldners finden nur zugunsten der Gläubiger statt, die vom Verfahren nicht betroffen werden (§ 9).

[16]) Konkurs ist erst nach Aufhebung der Geschäftsaufsicht möglich (§ 10).

[17]) Nur Arreste und Zwangsvollstreckungen sind ausgeschlossen. Dagegen sind Klagen zulässig, des weiteren wird auch anders als im Falle des § 240 ZPO. ein schwebendes Verfahren nicht unterbrochen (Kammerger. DJZ. 14 S. 1303), und ebenso können gerichtliche Bewilligung von Zahlungsfristen sowie die gerichtliche Beseitigung der Folgen einer Nichtzahlung erfolgen (siehe dazu Kipp, DJZ. 14 S. 1032 und OLG. Braunschweig ebenda S. 1215).

Die Gläubiger, die nach § 9 von dem Verfahren nicht betroffen werden, können die Zwangsvollstreckung betreiben, dagegen nicht die Eröffnung des Konkursverfahrens beantragen.

§ 6. Die Aufsichtspersonen haben die Geschäftsführung des Schuldners zu unterstützen und zu überwachen.[18]) Zu diesem Zwecke können sie die erforderlichen Maßnahmen treffen, insbesondere die Geschäftsführung ganz oder teilweise einer anderen Person übertragen.[19]) Widerspricht der Schuldner, so hat das Gericht das Erforderliche anzuordnen.[20])

Für die Aufsichtspersonen gelten die §§ 81 Abs. 2, 82, 83, 84 Abs. 1 Satz 1 und Abs. 2 der Konkursordnung entsprechend.[21])

Die Aufsichtspersonen haben gegen den Schuldner Anspruch auf Erstattung angemessener barer Auslagen und auf Vergütung für ihre Geschäftsführung. Die Festsetzung der Auslagen und der Vergütung erfolgt durch das Gericht.

[18]) Mehrere Aufsichtspersonen führen die Aufsicht gemeinschaftlich. Eine Verteilung der Aufsicht nach bestimmten selbständigen Wirkungskreisen ist nicht zulässig. Die Rechtsstellung der Aufsichtsperson ist ähnlich derjenigen des Konkursverwalters, wofür auch die Heranziehung der §§ 81—84 KO. spricht; sie ist nicht gesetzlicher Vertreter des Schuldners noch der Gläubigerschaft, sondern handelt in Ausübung eines ihr gesetzlich übertragenen selbständigen Amtes und der daraus fließenden selbständigen Verfügungsbefugnis (RG. Bd. 66 S. 113). Der Schuldner verliert überhaupt nicht die Verfügungsmacht über sein Vermögen, wie nach § 6 KO., sondern erleidet nur eine Verfügungsbeschränkung, die aber ohne dingliche Wirkung ist. Vgl. Anm. 22.

[19]) Sie können also im Zusammenhange der Geschäftsführung offenbar auch den Schuldner selbst vertreten, wie sie ohne Zweifel Vollmacht statt des Schuldners erteilen können (Kipp in DJZ. 1914 S. 1031).

[20]) Insbesondere kann das Gericht trotz Widerspruch des Schuldners die Handlungen der Aufsichtspersonen oder desjenigen, dem sie die Geschäftsführung übertragen haben, bestätigen.

[21]) Eine Verpflichtung der Aufsichtspersonen durch das Amtsgericht findet nicht statt. Die entsprechende Anwendung der angezogenen Bestimmungen lautet:

§ 81 Abs. 2: Der Aufsichtsperson ist eine urkundliche Bescheinigung ihrer Ernennung zu erteilen. Sie hat dieselbe bei der Beendigung ihres Amtes dem Gerichte zurückzureichen.

§ 82. Die Aufsichtsperson ist für die Erfüllung der ihr obliegenden Pflichten allen Beteiligten verantwortlich.

§ 83. Die Aufsichtsperson steht unter Aufsicht des Gerichts.

§ 84. Das Gericht kann gegen die Aufsichtsperson Ordnungsstrafen bis zu 200 ℳ festsetzen.

Vor der Entscheidung ist die Aufsichtsperson zu hören.

§ 7. Der Schuldner ist verpflichtet, jeder Aufsichtsperson Einsicht in seine Geschäftsbücher und sonstigen Aufzeichnungen zu gewähren und Auskunft über den Stand seines Vermögens und über seine Geschäfte zu geben.

Der Schuldner soll ohne Zustimmung der Aufsichtspersonen weder unentgeltliche Verfügungen oder Verfügungen über Grundstücke und Rechte an Grundstücken vornehmen, noch Ansprüche befriedigen oder sicherstellen, noch auch andere als solche Verbindlichkeiten eingehen, die zur Fortführung des Geschäfts oder zu einer bescheidenen Lebensführung des Schuldners und seiner Familie erforderlich sind.[22])

[22]) Das Verbot hat einen rein instruktionellen Charakter; es untersagt dem Schuldner bestimmte Verfügungen unter der Androhung der Aufhebung des Verfahrens (§ 10), so daß dann jeder Gläubiger die Zwangs-

vollstreckung betreiben und die Eröffnung des Konkurses beantragen kann. Eine dingliche Wirkung wohnt der Verfügungsbeschränkung nicht inne; das Verbot begründet im Verhältnis zu den Gläubigern keine Unwirksamkeit. Die verbotswidrig geschlossenen Geschäfte sind — gleichviel ob der Dritte von der Anordnung der Geschäftsaufsicht Kenntnis hat oder nicht — an sich weder ungültig noch anfechtbar, unbeschadet einer Anfechtbarkeit nach anderen Gesetzen.

§ 8. Die vorhandenen Mittel sind, soweit sie nicht zur Fortführung des Geschäfts und zu einer bescheidenen Lebensführung des Schuldners und seiner Familie erforderlich sind, zur Befriedigung der Gläubiger zu verwenden; Umfang und Reihenfolge der Befriedigung bestimmen die Aufsichtspersonen nach billigem Ermessen.[23]) In Streitfällen[24]) entscheidet das Gericht.

[23]) Im Gegensatz zu § 3 KO. ist zwar die Wahrung einer par condicio creditorum nicht vorgeschrieben, immerhin wird grundsätzlich an ihr festzuhalten sein.

[24]) Der Streit über die Verwendung der Mittel kann bestehen zwischen dem Schuldner und den Aufsichtspersonen oder unter den Aufsichtspersonen oder zwischen einem Gläubiger und den Aufsichtspersonen.

§ 9. Von dem Verfahren werden nicht betroffen:[25])

1. die Gläubiger, deren Ansprüche auf Rechtshandlungen des Schuldners beruhen, die dieser nach der Anordnung der Geschäftsaufsicht mit Zustimmung der Aufsichtspersonen vorgenommen hat oder ohne solche Zustimmung vornehmen durfte;[26])
2. die Gläubiger, denen nach § 43 der Konkursordnung im Falle des Konkurses ein Anspruch auf Aussonderung zusteht;
3. die Gläubiger, soweit sie im Falle des Konkurses abgesonderte Befriedigung beanspruchen können;[27])
4. die im § 61 Ziffer 1 und 2 der Konkursordnung[28]) bezeichneten Gläubiger wegen der dort angegebenen Forderungen, auch soweit sie nach der Anordnung der Geschäftsaufsicht fällig werden.

[25]) Die Forderungen der Ziff. 1—3 sind bei Fälligkeit und zwar in vollem Umfange zu befriedigen. Auch findet ihretwegen die Zwangsvollstreckung unbeschränkt statt.

[26]) Ohne Zustimmung darf er nach Abs. 2 § 7 solche Verbindlichkeiten eingehen, die zur Fortführung des Geschäfts oder zu einer bescheidenen Lebensführung erforderlich sind.

27) §§ 47—52 KO. Die Gläubiger können sich aus dem Pfand oder dem Grundstück befriedigen. Ist aber ihre Forderung vor dem 31. Juli 1914 entstanden, so kann der Schuldner auf Grund der Verordnung vom 7. Aug. 1914 (S. 73) eine Zahlungsfrist nachsuchen und damit die weitere Geltendmachung der Forderung hemmen.

28) Liedlohn und öffentliche Abgaben.

§ 10. Handelt der Schuldner seinen Verpflichtungen[29]) zuwider oder liegen sonstige wichtige Gründe vor,[30]) so kann das Gericht das Verfahren aufheben.[31])

§ 11. Die Entscheidungen des Gerichts sind unanfechtbar.[32])

§ 12. Das Verfahren ist gebührenfrei; auf die Auslagen finden die Vorschriften des fünften und sechsten Abschnitts des Gerichtskostengesetzes entsprechende Anwendung. Pauschsätze werden nicht erhoben.

§ 13. Diese Verordnung tritt mit dem Tage der Verkündung in Kraft.

Berlin, den 8. August 1914.

Der Reichskanzler. In Vertretung: Delbrück.

29) Vgl. § 7. S. Anm. 22.

30) Als ein wichtiger Grund wird es insbesondere anzusehen sein, wenn sich nachträglich herausstellt, daß die Behebung der Zahlungsunfähigkeit nach der Beendigung des Krieges nicht in Aussicht genommen werden kann oder die weitere Fortführung der Geschäftsaufsicht die Interessen der Gläubiger erheblich gefährdet. Eine solche Gefährdung ist z. B. dadurch möglich, daß durch die nach der Anordnung der Geschäftsaufsicht vorgenommenen Geschäfte Verluste entstanden sind und die Befriedigung dieser nicht unter das Verfahren fallenden Verbindlichkeiten die Gläubiger der unter das Verfahren fallenden Verbindlichkeiten unbilligerweise beeinträchtigen würde (so die Bekanntmachung des k. b. Justizministeriums vom 18. Aug. 1914 — JMBl. S. 163).

Der bloße Antrag des Schuldners genügt nicht zur Aufhebung.

31) Die Aufhebung ist nicht öffentlich bekannt zu machen, § 4 Abs. 2, wohl aber den Gläubigern mitzuteilen.

32) im Gegensatz zu Abs. 3 § 73 KO.

Bekanntmachung, betreffend die zeitweilige Außerkraftsetzung einzelner Vorschriften des Handelsgesetzbuchs usw.*)

Vom 8. August 1914 (RGBl. S. 365).

Der Bundesrat hat auf Grund des § 3 des Gesetzes über die Ermächtigung des Bundesrats zu wirtschaftlichen Maßnahmen usw. vom 4. August 1914 (Reichs-Gesetzbl. S. 327) folgende Verordnung erlassen:

§ 1. Die nachstehenden Vorschriften werden, soweit sie die Verpflichtung, bei Zahlungsunfähigkeit[1]) einer Gesellschaft oder einer Genossenschaft die Eröffnung des Konkursverfahrens zu beantragen, sowie das Verbot von Zahlungen nach Eintritt der Zahlungsunfähigkeit[1]) betreffen, bis auf weiteres außer Kraft gesetzt:[2])

1. die Vorschriften des § 240 Abs. 2, des § 241 Abs. 3, 4, des § 249 Abs. 3, des § 298 Abs. 2, des § 315, des § 325 Nr. 8 des Handelsgesetzbuchs;
2. die Vorschriften der §§ 64, 71, 84 des Gesetzes, betreffend die Gesellschaften mit beschränkter Haftung;
3. die Vorschriften der §§ 99, 118, 142, 148 des Gesetzes, betreffend die Erwerbs- und Wirtschaftsgenossenschaften.

§ 2. Diese Verordnung tritt mit dem Tage der Verkündung in Kraft.

Berlin, den 8. August 1914.

Der Reichskanzler. In Vertretung: Delbrück.

[1]) nicht Überschuldung.

[2]) Nach den angezogenen Vorschriften müssen die Vorstände, Geschäftsführer und Liquidatoren (auch Mitglieder des Aufsichtsrats werden haftbar gemacht) von Aktiengesellschaften, Kommanditgesellschaften auf Aktien, Gesellschaften mit beschränkter Haftung und eingetragenen Genossenschaften im Falle der Zahlungsunfähigkeit der Gesellschaft das Konkursverfahren beantragen; auch ist ihnen verboten, nach Eintritt der Zahlungsunfähigkeit Zahlungen zu leisten. Diese Verpflichtungen fallen „bis auf weiteres" fort. Dagegen bleiben die angezogenen Vorschriften soweit in Kraft, als sie sich auf den Fall der Überschuldung beziehen.

*) Siehe Bemerkungen S. 45.

Bekanntmachung, betreffend das vorzeitige Inkrafttreten einer Vorschrift aus dem Gesetze vom 10. Juli 1914 zur Änderung der §§ 74, 75 usw. des Handelsgesetzbuchs (Reichs-Gesetzbl. 1914 S. 209).

Vom 10. September 1914 (RGBl. S. 404).

Der Bundesrat hat auf Grund des § 3 des Gesetzes über die Ermächtigung des Bundesrats zu wirtschaftlichen Maßnahmen usw. vom 4. August 1914 (Reichs-Gesetzbl. S. 327) beschlossen, den im Artikel 1 § 75 Abs. 2 des Gesetzes vom 10. Juni 1914 (Reichs-Gesetzbl. S. 209) ausgesprochenen Grundsatz alsbald in Kraft zu setzen, und demgemäß folgende Verordnung erlassen:

Artikel 1. Der § 75 Abs. 1 Satz 2 des Handelsgesetzbuchs vom 10. Mai 1897 (Reichs-Gesetzbl. S. 219) wird für Dienstverhältnisse, die zur Zeit des Inkrafttretens dieser Verordnung noch nicht beendet[1]) sind, durch folgende Vorschrift ersetzt:

> Das gleiche gilt[2]), wenn der Prinzipal das Dienstverhältnis kündigt, es sei denn, daß für die Kündigung ein erheblicher Anlaß in der Person des Gehilfen[3]) vorliegt oder daß sich der Prinzipal bei der Kündigung oder, falls die Kündigung zur Zeit des Inkrafttretens der Verordnung schon erfolgt war, unverzüglich nach dem Inkrafttreten bereit erklärt, während der Dauer der Beschränkung dem Gehilfen die vollen zuletzt von ihm bezogenen vertragsmäßigen Leistungen zu gewähren.[4])

Artikel 2. Diese Verordnung tritt mit dem Tage der Verkündung in Kraft.[5])

Am 1. Januar 1915 tritt die Verordnung außer Kraft.

Berlin, den 10. September 1914.

Der Stellvertreter des Reichskanzlers. Delbrück.

[1]) wenn auch gekündigt sind.

[2]) d. h. die Konkurrenzklausel (oder wie es künftig heißt, das Wettbewerbverbot) soll der Prinzipal nicht geltend machen können.

[3]) Während bisher der „erhebliche Anlaß" nur nicht vom Prinzipal verschuldet sein durfte, wird nunmehr erfordert, daß der Anlaß in der Person des Gehilfen liegt. Die durch den Krieg veranlaßte schlechte Konjunktur war daher früher ein Anlaß zur Kündigung, ist es dagegen jetzt nicht mehr (vgl. Baum JW. 14 S. 949).

[4]) Der Prinzipal kann nicht mit Rücksicht auf das Inkrafttreten der Verordnung eine bereits vorher ausgesprochene Kündigung widerrufen; er kann nur sich „unverzüglich" nach dem Inkrafttreten zur Fortzahlung des Gehalts erbieten und hierdurch die Fortdauer des Konkurrenzverbots erkaufen. (Vgl. Baum a. a. O.)

[5]) d. i. 11. September 1914.

Bekanntmachung über die Ladung zur Gesellschafterversammlung einer Gesellschaft mit beschränkter Haftung.

Vom 8. Oktober 1914 (RGBl. S. 428).

Der Bundesrat hat auf Grund des § 3 des Gesetzes über die Ermächtigung des Bundesrats zu wirtschaftlichen Maßnahmen usw. vom 4. August 1914 (Reichs-Gesetzbl. S. 327) folgende Verordnung erlassen:

§ 1. Kann ein Gesellschafter zu der Versammlung der Gesellschafter einer Gesellschaft mit beschränkter Haftung infolge des Krieges durch eingeschriebenen Brief nicht geladen werden und ist die Bestellung eines zur Entgegennahme der Ladung berechtigten Pflegers nach den Bestimmungen des Bürgerlichen Gesetzbuchs nicht möglich, so kann auf Antrag eines Beteiligten das Amtsgericht, in dessen Bezirke die Gesellschaft ihren Sitz hat, einen Vertreter zur Entgegennahme der Ladung sowie zur Ausübung der Rechte des Gesellschafters bei der Beschlußfassung bestellen.[1]) Der Vertreter kann auch zur Ausübung sonstiger dem Gesellschafter in bezug auf die Führung der Geschäfte zustehender Rechte ermächtigt werden. Die Vertretung ist aufzuheben, wenn das Bedürfnis weggefallen ist.

Die Wirksamkeit der von oder gegenüber dem Vertreter vorgenommenen Rechtshandlungen kann nicht deshalb in Frage gestellt werden, weil die Voraussetzungen der Bestellung nicht vorgelegen haben.

Ist ein Vertreter oder ein Pfleger bestellt,[2]) so kann das im Abs. 1 bezeichnete Gericht die Frist, mit der die Ladung des Vertreters oder Pflegers zu bewirken ist, verlängern.

Gerichtsgebühren werden nicht erhoben.

§ 2. Diese Verordnung tritt mit dem Tage der Verkündung in Kraft.

Berlin, den 8. Oktober 1914.

Der Reichskanzler. In Vertretung: Lisco.

[1]) Die Berufung der Versammlung erfolgt nach § 51 des Ges. v. 20. April 1892/20. Mai 1898 durch Einladung der Gesellschafter mittelst eingeschriebener Briefe. Diese Form läßt sich in Kriegszeiten häufig nicht wahren, insbesondere bei Briefen, die ins Ausland zu senden wären. Zum Teil bietet die Bestellung eines Abwesenheitspflegers nach § 1911 BGB. einen den Interessen aller Beteiligten genügenden Ausweg; nicht immer treffen aber die Voraussetzungen des § 1911 zu, so insbesondere, wenn der Gesellschafter an dem ausländischen Ort seinen Wohnsitz hat. Daher kann — aber nur sofern die Bestellung eines Pflegers nicht möglich ist — auf Antrag eines Beteiligten das Amtsgericht einen Vertreter bestellen. Dieser ist zur Entgegennahme der Ladung sowie zur Ausübung der Rechte des Gesellschafters bei der Beschlußfassung berufen; er kann aber nach Satz 2 auch zur Ausübung sonstiger Rechte ermächtigt werden, z. B. zur Ausübung der Rechte, die dem Gesellschafter in bezug auf die etwa für notwendig erachtete Einberufung einer neuen Versammlung nach § 50 des Gesetzes zustehen.

[2]) Nicht nur, wenn ein Vertreter nach Abs. 1, sondern auch dann, wenn ein Pfleger z. B. nach § 1911 BGB. bestellt ist, hat das Amtsgericht die Befugnis, die Ladungsfrist zu verlängern. Die Verlängerung wird oft deshalb nötig sein, weil die Frist von einer Woche nach § 51 des Ges. für den Vertreter zur Einholung seiner Weisungen und sonstigen Vorbereitung regelmäßig nicht ausreichen wird.

Bekanntmachung, betreffend vorübergehende Erleichterungen auf dem Gebiete des Patent-, Gebrauchsmuster- und Warenzeichenrechts.[1])

Vom 10. September 1914 (RGBl. S. 403).

Der Bundesrat hat auf Grund des § 3 des Gesetzes über die Ermächtigung des Bundesrats zu wirtschaftlichen Maßnahmen usw. vom 4. August 1914 (Reichs-Gesetzbl. S. 327) folgende Verordnung erlassen:

§ 1. Das Patentamt kann bis auf weiteres einem Patentinhaber, der infolge des Krieges außerstand gesetzt worden ist, die nach § 8 Abs. 2 des Patentgesetzes vom 7. April 1891 (Reichs-Gesetzbl. S. 79) fällige Jahresgebühr zu zahlen, auf Antrag die Gebühr bis zum Ablauf von längstens neun Monaten vom Beginne des laufenden Patentjahrs an stunden und die Zuschlagsgebühr (§ 8 Abs. 3 a. a. O.) erlassen. Die Entscheidung des Patentamts ist unanfechtbar.

Für Patente, die am 31. Juli 1914 noch nicht erloschen waren, ist die Stundung auch dann zulässig, wenn sie nach Ablauf der gesetzlichen Zahlungsfristen (§ 8 Abs. 3 a. a. O.) beantragt ist.

§ 2. Wer durch den Kriegszustand verhindert worden ist, dem Patentamt gegenüber eine Frist einzuhalten, deren Versäumung nach gesetzlicher Vorschrift einen Rechtsnachteil zur Folge hat, ist auf Antrag wieder in den vorigen Stand einzusetzen. Die Wiedereinsetzung muß innerhalb einer Frist von zwei Monaten beantragt werden; im übrigen sind die Bestimmungen der §§ 233 ff. der Zivilprozeßordnung entsprechend anzuwenden.

§ 3. Die Vorschriften der §§ 1, 2 finden zugunsten von Angehörigen ausländischer Staaten nur dann Anwendung, wenn in diesen Staaten nach einer im Reichs-Gesetzblatt enthaltenen Bekanntmachung den deutschen Reichsangehörigen gleichartige Erleichterungen gewährt werden.[2])

§ 4. Diese Verordnung tritt mit dem Tage der Verkündung in Kraft.

Berlin, den 10. September 1914.

Der Stellvertreter des Reichskanzlers: Delbrück.

[1]) Die Erleichterungen bestehen in der Stundung von Gebühren und der Wiedereinsetzung in den vorigen Stand gegen Fristversäumung.

[2]) Dies ist der Fall in Dänemark, Italien, Norwegen, in der Schweiz, in Spanien und den Vereinigten Staaten von Amerika; s. nachfolgende Bekanntmachung vom 21. Okt. 1914.

Bekanntmachung, betreffend Erleichterungen auf dem Gebiete des Patent-, Gebrauchsmuster- und Warenzeichenrechts in ausländischen Staaten.

Vom 21. Oktober 1914 (RGBl. S. 450).

Auf Grund des § 3 der Verordnung des Bundesrats, betreffend vorübergehende Erleichterungen auf dem Gebiete des Patent-, Gebrauchsmuster- und Warenzeichenrechts, vom 10. September 1914 (Reichs-Gesetzbl. S. 403) wird hierdurch bekannt gemacht, daß in Dänemark, Italien, Norwegen, in der Schweiz, in Spanien und den Vereinigten Staaten von Amerika deutschen Reichsangehörigen gleichartige Erleichterungen gewährt werden.

Berlin, den 21. Oktober 1914.

Der Stellvertreter des Reichskanzlers: Delbrück.

Bekanntmachung, betreffend die Überwachung ausländischer Unternehmungen.[1])

Vom 4. September 1914 (RGBl. S. 397).

Der Bundesrat hat auf Grund des § 3 des Gesetzes über die Ermächtigung des Bundesrats zu wirtschaftlichen Maßnahmen usw. vom 4. August 1914 (Reichs-Gesetzbl. S. 327) folgende Verordnung erlassen:

§ 1. Die Landeszentralbehörden[2]) können unter Zustimmung des Reichkanzlers im Wege der Vergeltung[3]) für solche innerhalb ihres Gebiets ansässigen[4]) Unternehmungen[5]) oder Zweigniederlassungen von Unternehmungen, welche vom feindlichen Ausland aus geleitet oder beaufsichtigt werden, oder deren Erträgnisse[6]) ganz oder zum Teil in das feindliche Ausland[7]) abzuführen sind, auf Kosten[8]) der Unternehmungen Aufsichtspersonen[9]) bestellen,[10]) die unter Wahrung der Eigentums- und sonstigen Privatrechte[11]) des Unternehmens darüber zu wachen haben, daß während des Krieges[12]) der Geschäftsbetrieb nicht in einer den deutschen Interessen[13]) widerstreitenden Weise geführt wird.

Auf Versicherungsunternehmungen finden die Vorschriften dieser Verordnung mit der Maßgabe Anwendung, daß die Überwachung auf Anordnung des Reichskanzlers durch das Aufsichtsamt für Privatversicherung[14]) veranlaßt wird.

[1]) Die Verordnung läßt die Einführung einer Staatsaufsicht über die ausländischen Unternehmungen im Inlande zu und zwar als eine durch die Vergeltung (§ 1) gebotene Maßnahme. Die Aufsicht verfolgt den Zweck, über die Wahrung „der deutschen Interessen während des Krieges" zu wachen und kann zu einer Beschlagnahme der Gelder und anderer Vermögenswerte führen; dabei besteht aber die Einschränkung, daß die Aufsicht nur „unter Wahrung der Eigentums- und sonstigen Privatrechte des Unternehmens" ausgeübt werden darf. Zuwiderhandlungen der Leiter und Angestellten des beaufsichtigten Unternehmens werden unter Strafe gestellt (§ 5).

Über die Anordnung der Überwachung befinden die einzelnen Landeszentralbehörden unter Zustimmung des Reichskanzlers, bei Versicherungsunternehmungen der Reichskanzler, der durch das Aufsichtsamt für Privatversicherung die Überwachung veranlaßt.

[2]) In Preußen das Ministerium für Handel und Gewerbe.

[3]) Die Maßnahme darf nur als „Vergeltung" getroffen werden, also nur denjenigen Staaten gegenüber, die auf wirtschaftlichem Gebiete eine Schädigung der deutschen Interessen verfolgen. Im übrigen vgl. wegen des Widerspruchs eines auf Artikel 31 EG. zum BGB. zu stützenden Vergeltungsrechts mit einer auf Grund des § 3 des Ges. v. 4. Aug. 1914 zu erlassenden wirtschaftlichen Maßnahme Waldecker in DJZ. 1914 S. 1164.

[4]) Ansässig = Sitz haben; § 17 ZPO.

[5]) Der Begriff geht weiter als der der gewerblichen Niederlassung wie im § 2 der Verordnung vom 7. Aug. 1914 (S. 72); es gehört hierher jeder Geschäftsbetrieb, aber auch l a n d w i r t s c h a f t l i c h e Betriebe fallen hierunter, ebenso z. B. Hausverwaltungen. Ob Haupt- oder Zweigniederlassung, ist bedeutungslos; ebenso ob sie von einer physischen oder juristischen Person unterhalten werden. Es werden drei Arten von Unternehmungen unterschieden:

1. solche, welche vom feindlichen Auslande aus geleitet werden,
2. solche, welche vom feindlichen Auslande aus beaufsichtigt werden,
3. solche, deren Erträgnisse ganz oder zum Teil in das feindliche Ausland abzuführen sind.

Zu 1. und 2. ist maßgebend die i n n e r e Abhängigkeit des Betriebes von ausländischen Einflüssen und Anordnungen, mag auch das Unternehmen im Inlande eine äußerlich selbständige Leitung haben; eine v ö l l i g e Abhängigkeit ist nicht zu erfordern, es genügt schon eine wesentliche Einwirkung ausländischen Einflusses. Derartige Fälle sind unter Umständen schon gegeben, wenn nur ein Leiter im Auslande wohnt, oder wenn nur ein als Vertreter eines ausländischen Trusts bekanntes Aufsichtsratsmitglied vorhanden ist. Nicht nötig ist ferner, daß diejenigen, von denen die Leitung oder Beaufsichtigung ausgeht, auch Angehörige des feindlichen Auslandes sind; es können auch Reichsangehörige sein; es genügt — rein territorial gedacht —, daß Anordnungen usw. von den Gebieten des feindlichen Auslandes ausgehen oder die Geschäftsführung dort überwacht wird.

[6]) Nicht nur Kapitalgewinn, Dividenden und Tantièmen, sondern schlechthin alle Früchte und Nutzungen, die gezogen werden (§§ 99, 100 BGB.).

[7]) Wiederum rein territorial gedacht; auf die Staatsangehörigkeit der Empfänger kommt es nicht an.

[8]) Ein Zwangsbeitreibungsverfahren ist nicht gegeben; es können nur die Aufsichtspersonen die Kosten im ordentlichen Verfahren einklagen.

[9]) Eine oder mehrere für dieselbe Unternehmung; eine besondere Vorbildung wird nicht erfordert.

[10]) Gegen die Anordnung ist ein Rechtsbehelf nicht gegeben; ein Verwaltungsrechtsschutz ist reichsrechtlich nicht vorgesehen; das einzelstaatliche Verwaltungsstreitverfahren findet nicht statt. Die Zweckmäßigkeit der Anordnung unterliegt überhaupt keiner Nachprüfung, dagegen kann über die Rechtmäßigkeit im Strafverfahren (vgl. Waldecker a. a. O.) und im Beschwerdeverfahren bei der Bestellung eines Vertreters gemäß § 5a gestritten werden.

[11]) Das Eigentums- und die sonstigen Privatrechte bleiben unverletzlich; die Substanz dieser Rechte, ihr Bestand darf nicht angegriffen werden, insbesondere findet keine Entziehung oder Enteignung statt. Damit wird dem Verfügungsrecht der Aufsichtspersonen eine erhebliche Schranke gezogen. Im übrigen sind zu den „sonstigen Privatrechten des Unternehmens" alle in dem BGB., in den anderen Reichsgesetzen und in den aufrecht erhaltenen Landesgesetzen anerkannten persönlichen und absoluten Privatrechte zu zählen, also neben dinglichen und Forderungsrechten vor allem das Namenrecht, Firmenrecht, die Urheber- und Erfinderrechte, sowie die Rechte an Gebrauchsmustern und Warenzeichen.

[12]) Es wird die Dauer des Krieges aus § 11 des Hauptgesetzes zu entnehmen sein.

[13]) Die Betriebs*weise* darf den deutschen Interessen nicht widerstreiten, d. h. sie darf den allgemeinen wirtschaftlichen Aufgaben und Zielen des Deutschen Reichs weder unmittelbar noch mittelbar zum Nachteile gereichen; als solcher Nachteil ist insbesondere die Abführung von Geld oder sonstigen Vermögenswerten anzusehen (§ 4). Im Einzelfall kann es den deutschen Interessen widerstreiten, wenn ein ausländisches Unternehmen mit fremdsprachlich lautender Handelsfirma ohne Änderung der Geschäftsverhältnisse eine deutsche Bezeichnung wählt, um den Anschein eines Fortfalls ihrer Beziehungen zum Auslande zu erwecken. Die Beobachtung der deutschen Interessen bildet das Ziel für die Tätigkeit der Aufsichtspersonen.

[14]) Vgl. Gesetz vom 12. Mai 1901 über die privaten Versicherungsunternehmungen (RGBl. S. 139 ff.).

§ 2. Die Aufsichtspersonen sind insbesondere befugt:[15])

1. geschäftliche Maßnahmen jeder Art, insbesondere Verfügungen[16]) über Vermögenswerte[17]) und Mitteilungen über geschäftliche Angelegenheiten, zu untersagen,
2. die Bücher und Schriften des Unternehmens einzusehen sowie den Bestand der Kasse[18]) und die Bestände an Wertpapieren und Waren zu untersuchen.
3. Auskunft über alle Geschäftsangelegenheiten[19]) zu verlangen.

[15]) Die Befugnisse der Aufsichtspersonen umfassen den gesamten Geschäftsbetrieb des Unternehmens; sie sind nicht auf die Aufgaben des § 2 („insbesondere") beschränkt. Das Ziel ihrer Tätigkeit ist im § 1 angegeben; danach ist der Inhalt der Befugnisse zu bemessen, so daß diese alle zur Erreichung dieses Zieles erforderlichen Prüfungen und Anordnungen umfassen; dabei ist nur insoweit eine Grenze gezogen, als die „Eigentums- und sonstigen Privatrechte" des Unternehmens zu schonen sind; Geschäftshandlungen selbständig vorzunehmen, steht der Aufsichtsperson nicht zu; sie kann lediglich Anordnungen treffen und muß die Ausführung den Leitern und Angestellten überlassen; die Erzwingung der einzelnen Gebote und Verbote ist nur durch die Strafvorschrift des § 5 ermöglicht. In der Hauptsache hat das Aufsichtsrecht einen mehr negativen Charakter; es ist, wenn auch Weisungen positiven Inhalts nicht ausgeschlossen erscheinen, im wesentlichen ein Untersagungsrecht gegenüber allen geschäftlichen Maßnahmen und zwar nur unter dem Gesichtspunkt der einheimischen Interessen, so vor allem, daß deutsche Gläubiger nicht verkürzt werden, und andererseits daß gegen deutsche Schuldner nicht mit unangebrachter Strenge verfahren werde.

Die Stellung der Aufsichtsperson kann Zweifeln unterliegen. Sie wird vom Staate angestellt und dient staatlichen Interessen; sie steht nicht im Dienste der zu überwachenden Unternehmung, wie denn auch die Überwachung nicht zu deren privaten Gunsten, sondern im staatlichen Interesse erfolgt, wenn auch der Nutzen im Sonderfalle dem Einzelnen, z. B. einem Kunden, einem Gläubiger, zugute kommen kann. Die Stellung kommt vielleicht noch am meisten derjenigen des Staatskommissars an der Börse (§ 2 des Börsengesetzes) nahe, keinesfalls derjenigen des Konkursverwalters. Die Aufsichtspersonen sind den Landesregierungen untergeordnet, von denen sie auch jederzeit abberufen werden können. Nach alledem wird die Beamteneigenschaft zu bejahen sein (a. M. Waldecker a. a. O.). Eine Schadensersatzverbindlichkeit der Aufsichtsperson wegen schuldhafter Pflichtverletzung fällt sonach unter § 839 BGB. Eine Vergütung steht der Aufsichtsperson ohne weiteres nicht zu.

[16]) z. B. Verfügungen über Geldbeträge in bestimmter Höhe allgemein von einer besonderen Genehmigung abhängig zu machen.

[17]) Nicht nur Geld, Wertpapiere und Waren, sondern alle Sachen und Rechte, die einen in Geld umzusetzenden Wert besitzen.

[18]) Auch die Außenstände und sonstigen Beteiligungen sind festzustellen

[19]) Vor allem über die Verpflichtungen gegenüber dem Auslande, auch dem neutralen und zwar über die zu leistenden Zahlungen, Abnahmeverpflichtungen und Lieferungsverpflichtungen. Die Aufsichtsperson entscheidet, in welchem Umfange das Unternehmen seinen Verpflichtungen gegenüber dem Auslande nachkommen darf.

§ 3. Die Leiter[20]) und Angestellten[21]) der Unternehmungen haben den zum Zwecke der Überwachung des Unternehmens von den Aufsichtspersonen getroffenen Anordnungen[22]) und Weisungen Folge zu leisten.

[20]) Jeder, der berufen oder berechtigt ist, den Gang der Geschäftsführung selbständig und unter eigener Verantwortlichkeit zu bestimmen; daher nicht nur der Prinzipal, Vorstand, Prokurist, sondern auch ein Aufsichtsratsmitglied und unter Umständen der Generalbevollmächtigte.

[21]) Jeder, der kraft eines Vertragsverhältnisses dem Unternehmen derart angehört, daß er hinsichtlich der Ausübung seiner Leistungen von den Anordnungen der Geschäftsleiter abhängig ist.

§ 4. Gelder[23]) oder sonstige Vermögenswerte[24]) eines unter Aufsicht gestellten Unternehmens dürfen weder mittelbar[25]) noch unmittelbar in das feindliche Ausland[26]) abgeführt oder überwiesen[27]) werden.

Die Aufsichtspersonen können[28]) Ausnahmen[29]) zulassen. Sie können in geeigneten Fällen anordnen, daß Geld oder Wertpapiere,[30]) deren Abführung oder Überweisung nach Abs. 1 nicht erfolgen darf, zugunsten der Berechtigten bei der Reichsbank hinterlegt werden.

[22]) Die Anordnungen unterliegen, abgesehen von dem Aufsichtswege, keiner Anfechtung; allenfalls kann die Rechtmäßigkeit, nicht aber die Zweckmäßigkeit im Strafverfahren nach § 5 geprüft werden.

[23]) Nicht nur Währungsgeld, sondern alles, was im Verkehr als Zahlungsmittel gilt, also auch Darlehnskassenscheine, sowie ausländische Münzen und ausländische Banknoten.

[24]) Vgl. Anm. 17. Im Gegensatz zu § 1 des Zahlungsverbots gegen England („Geld oder Wertpapiere") wird hier der außerordentlich weite Begriff der „Vermögenswerte" aufgestellt.

[25]) An einen mittelbaren Stellvertreter, Ersatzmann, Vermittler, sei es im Inlande oder im neutralen Auslande.

[26]) Rein territorial gedacht, mag auch der Empfänger selbst nicht Angehöriger des feindlichen Auslandes, sondern Deutscher sein.

[27]) Jede Art der Überweisung, im Bank- und Postverkehr, auch die gerichtliche Überweisung (§ 835 ZPO.) und auch die Anweisung. Mit der Abführung und Überweisung sollen im weitesten Sinne alle Übertragungsakte getroffen werden, durch welche die Werte aus dem Inlande derart entfernt werden, daß Bewohner des feindlichen Auslandes darüber verfügen können. Von diesem Gesichtspunkt aus wird man auch Abtretungen hierzu rechnen müssen.

Die Vorschrift des Abs. 1 stellt sich als ein Verbotsgesetz im Sinne des § 134 BGB. dar; im übrigen siehe wegen der Nichtigkeit und ihrer Folgen Anm. 12 zu § 1 des Zahlungsverbots gegen England. S. 116.

[28]) Nach freiem Ermessen.

[29]) Sie können also in einzelnen Fällen gestatten, daß Geld oder Wertpapiere in das feindliche Ausland geliefert werden; der Satz 2 hat nur die Bedeutung eines Beispiels, nicht etwa beschränkt er die Ausnahmebefugnis hinsichtlich Geld und Wertpapiere auf die Hinterlegung. Dagegen sind Ausnahmen nicht zulässig, soweit sie gegen das Zahlungsverbot gegen England und Frankreich verstoßen würden, vgl. hierzu S. 114ff.

[30]) Dazu gehören nicht Pfandscheine, Sparkassenbücher, Hypothekenbriefe, Gesellschaftsanteile, sog. Anteilscheine der G. m. b. H.

§ 5. Wer als Leiter[31]) oder Angestellter[32]) eines Unternehmens den Vorschriften der §§ 3 oder 4[33]) vorsätzlich[34]) zuwiderhandelt, wird, sofern nicht nach anderen Strafgesetzen[35]) eine höhere Strafe verwirkt ist, mit Geldstrafe bis zu 50 000 Mark und mit Gefängnis bis zu 3 Jahren oder mit einer dieser Strafen bestraft. Versuch ist strafbar.

§ 6. Diese Verordnung tritt mit dem Tage der Verkündung in Kraft.

Berlin, den 4. September 1914.

Der Stellvertreter des Reichskanzlers. Delbrück.

[31]) vgl. Anm. 20.

[32]) vgl. Anm. 21.

[33]) Der Empfänger der Leistung kann unter Umständen sich der Beihilfe schuldig machen.

[34]) Nur das vorsätzliche Zuwiderhandeln macht strafbar, nicht auch passive Resistenz, selbst wenn sie an grobe Fahrlässigkeit grenzt. Im übrigen ist hier für die Anwendung des dolus eventualis ein weites Gebiet (vgl. Waldecker a. a. O.).

[35]) z. B. wegen Landesverrats nach § 89 StGB.

Bekanntmachung, betreffend die Überwachung ausländischer Unternehmungen.

Vom 22. Oktober 1914 (RGBl. S. 447).

Der Bundesrat hat auf Grund des § 3 des Gesetzes über die Ermächtigung des Bundesrats zu wirtschaftlichen Maßnahmen usw. vom 4. August 1914 (Reichs-Gesetzbl. S. 327) folgende Verordnung erlassen:

Art. 1. In die Verordnung, betreffend die Überwachung ausländischer Unternehmungen, vom 4. September 1914 (Reichs-Gesetzbl. S. 397) wird hinter den § 5 folgender § 5a eingestellt:

Ist für eine unter Aufsicht gestellte Unternehmung oder Zweigniederlassung kein Leiter oder Angestellter im Inland vorhanden, der zu Rechtshandlungen für die Unternehmung oder Zweigniederlassung befugt ist, oder nimmt der Leiter oder Angestellte die Geschäfte nicht wahr, so ist auf Antrag der Aufsichtsperson ein Vertreter zu bestellen.[1])

Die Bestellung erfolgt durch das Amtsgericht, in dessen Bezirke die Unternehmung oder Zweigniederlassung ansässig ist. Über die Auswahl des Vertreters ist die Aufsichtsperson zu hören.

Der Vertreter hat die laufenden Geschäfte der Unternehmung oder Zweigniederlassung ganz oder teilweise zu beendigen; zur Beendigung schwebender Geschäfte kann er auch neue Geschäfte eingehen. Er hat den Anordnungen und Weisungen der Aufsichtsperson Folge zu leisten.

Der Vertreter hat Anspruch auf Erstattung barer Auslagen und auf eine angemessene Vergütung für seine Tätigkeit. Der Betrag ist durch das Amtsgericht nach Anhörung der Aufsichtsperson festzusetzen und von dem Vertreter bei der Unternehmung oder Zweigniederlassung einzuziehen.[2])

Während der Dauer der Vertretung ruht die Befugnis der Leiter und Angestellten zu Rechtshandlungen für die Unternehmung oder die Zweigniederlassung.

Das Amtsgericht hat die Vertretung auf Antrag der Aufsichtsperson aufzuheben.

Ist die Unternehmung oder Zweigniederlassung in das Handelsregister oder das Genossenschaftsregister eingetragen, so ist die Bestellung des Vertreters sowie die Aufhebung der Vertretung von Amts wegen in das Register einzutragen.[3])

Gerichtsgebühren werden nicht erhoben.

Art. 2. Diese Verordnung tritt mit dem Tage der Verkündung in Kraft.

Berlin, den 22. Oktober 1914.

Der Stellvertreter des Reichskanzlers: Delbrück.

[1]) Die Verordnung will eine Lücke ausfüllen. Es hat sich herausgestellt, daß bei einzelnen ausländischen Unternehmungen infolge des Krieges sämtliche Leiter und vertretungsberechtigte Angestellte das Inland verlassen oder keine Neigung mehr haben, die Geschäfte fortzuführen, und es daher an Personen fehlt, die das zur Erhaltung von Werten, zur Erfüllung eingegangener Verpflichtungen und zur Abwicklung von Geschäften Erforderliche veranlassen können, da der Aufsichtsperson das Recht zur eigenen Vornahme von Verfügungen nicht zusteht. In derartigen Fällen hat nunmehr das Amtsgericht auf Antrag der Aufsichtsperson einen Vertreter zu bestellen. Dieser hat unter Kontrolle der Aufsichtsperson die laufenden Geschäfte ganz oder teilweise zu beendigen (Abs. 3). Während seiner Amtszeit ruht die Vertretung der sonst zur Vertretung berechtigten Personen (Abs. 5). Der Vertreter bleibt im Amt, bis das Amtsgericht die Vertretung aufhebt, was nur auf Antrag der Aufsichtsperson erfolgen kann. Gegen die Anordnung der Bestellung sowie gegen die Ablehnung des Antrages findet Beschwerde gemäß § 19 ff. FGG. statt; in diesem Verfahren gelangt überhaupt die Rechtmäßigkeit, nicht die Zweckmäßigkeit der staatlich bestellten Überwachung der Unternehmung zur Nachprüfung (s. Anm. 10 S. 107).

Der „Vertreter" hat die Vorschriften der §§ 3, 4 zu beobachten (für § 3 wiederholt dies Abs. 3 Satz 2) und unterliegt der Strafbestimmung des § 5.

[2]) Gegen den Festsetzungsbeschluß findet Beschwerde statt (§ 19 ff. FGG.). Es bedarf keiner weiteren Klage mehr; die gerichtliche „Festsetzung" bildet den vollstreckbaren Titel, wie aus dem Worte „einzuziehen" zu folgern ist. (§ 794 Nr. 3 ZPO. kann nicht hier Anwendung finden.)

[3]) Einer von den wenigen Fällen, wo die Eintragung im Handelsregister von Amts wegen erfolgt. Wegen der Eintragung s. im übrigen JMV. vom 22. Okt. 1914 (JMBl. S. 772) auf S. 138.

Bekanntmachung über die Unverbindlichkeit gewisser Zahlungsvereinbarungen.

Vom 28. September 1914 (RGBl. S. 417).

Der Bundesrat hat auf Grund des § 3 des Gesetzes über die Ermächtigung des Bundesrats zu wirtschaftlichen Maßnahmen usw. vom 4. August 1914 (Reichs-Gesetzbl. S. 327) folgende Verordnung erlassen:

§ 1. Die vor dem 31. Juli 1914 getroffenen Vereinbarungen, nach denen eine Zahlung in Gold zu erfolgen hat,[1]) sind bis auf weiteres nicht verbindlich.

§ 2. Diese Verordnung tritt mit dem Tage ihrer Verkündung in Kraft. Den Zeitpunkt des Außerkrafttretens[2]) bestimmt der Reichskanzler.

Berlin, den 28. September 1914.

Der Stellvertreter des Reichskanzlers. Delbrück.

[1]) Sog. Goldklausel, die namentlich im Hypothekenverkehr recht häufig ist. Da bis auf weiteres die Reichshauptkasse zur Einlösung der Reichskassenscheine und die Reichsbank zur Einlösung ihrer Noten nicht verpflichtet ist (§ 2 des Ges. vom 4. Aug. 1914 betr. die Reichskassenscheine und die Banknoten RGBl. S. 347), so wird der Schuldner vielfach nicht in der Lage sein, sich Gold zu beschaffen. Nach § 1 kann nunmehr ein Gläubiger unter Berufung auf die Goldklausel nicht mehr eine ihm in anderen Zahlungsmitteln angebotene Zahlung ablehnen; durch die Ablehnung würde er in Annahmeverzug geraten (§§ 293 ff. BGB.). Ferner werden die besonderen Rechtsfolgen, die vertragsmäßig an die Nichterfüllung der Goldklausel geknüpft sind, hinfällig; so kann eine Hypothek nicht deshalb gekündigt oder sofort fällig werden, weil eine Zins- oder Teilzahlung nicht in Gold geleistet worden ist. Eine bereits erfolgte Kündigung verliert ihre Wirksamkeit.

Zweifelhaft kann sein, ob im Hinblick auf die Aufhebung der Einlösungspflicht der Reichsbank es noch dieser besonderen Verordnung bedurfte, oder ob der Schuldner nicht schon durch die infolge dieser Aufhebung eingetretene Unmöglichkeit der Goldbeschaffung befreit erscheint (§§ 275, 279 BGB.); denn Unmöglichkeit liegt schon dann vor, wenn die Beschaffung von Gold mit so außergewöhnlichen Schwierigkeiten verbunden ist, daß diese Schwierigkeiten nach der Auffassung des Verkehrs der Unmöglichkeit gleich geachtet werden. Vgl. RG. Bd. 57 S. 119.

[2]) Mit diesem Zeitpunkt lebt die Verpflichtung, in Gold zu zahlen wieder auf.

Bekanntmachung, betreffend Zahlungsverbot gegen England.[1])

Vom 30. September 1914 (RGBl. S. 421).

Der Bundesrat hat auf Grund des § 3 des Gesetzes über die Ermächtigung des Bundesrats zu wirtschaftlichen Maßnahmen usw. vom 4. August 1914 (Reichs-Gesetzbl. S. 327) im Wege der Vergeltung[2]) folgende Verordnung erlassen:

§ 1. Es ist bis auf weiteres verboten[3]), Zahlungen[4]) nach Großbritannien[5]) und Irland oder den britischen Kolonien und auswärtigen Besitzungen mittelbar[6]) oder unmittelbar in bar,[7]) in Wechseln oder Schecks, durch Überweisung[8]) oder in sonstiger Weise[9]) zu leisten, sowie Geld oder Wertpapiere[10])[11]) mittelbar oder unmittelbar nach den bezeichneten Gebieten abzuführen oder zu überweisen.[12])

Leistungen zur Unterstützung von Deutschen bleiben gestattet.[13])

[1]) Eine offiziöse Erläuterung zu dieser Verordnung enthält die Nr. 238, 2. Ausgabe der Norddeutschen Allgemeinen Zeitung vom 1. Okt. 1914.

Die Verordnung bezeichnet sich selbst in der Einleitung als Vergeltungsmaßregel; sie ist zunächst allein gegen England gerichtet (Abs. 2 § 7 gestattet eine Ausdehnung auf andere feindliche Staaten) und bestimmt, den auf wirtschaftlichem Gebiete aufgezwungenen Kampf abzuwehren und das rigorose Vorgehen zu ahnden. Die Verordnung begnügt sich nicht damit, das sog. Gegenmoratorium (Verordnung vom 7. Aug. 1914 S. 70) England gegenüber in dem Sinne zu verstärken, daß der deutsche Schuldner sich bis auf weiteres gegenüber dem englischen Gläubiger auf eine Stundung, einen Zahlungsaufschub berufen kann (§ 2), sondern verbietet vielmehr schlechthin jede Zahlung nach England und bedroht die wissentliche Zuwiderhandlung gegen das Verbot mit Gefängnisstrafe bis zu 3 Jahren und mit Geldstrafe bis zu 50 000 ℳ; die Zahlungsweigerung ist nicht mehr in das Belieben des Einzelnen gestellt, sondern wird zu einer öffentlich-rechtlichen Pflicht gemacht, so daß ihre Innehaltung von Amts wegen zu beobachten ist, so darf z. B. die gerichtliche Überweisung einer Forderung (§ 835 ZPO.) oder die Ablieferung gepfändeten Geldes oder des Versteigerungserlöses nicht an einen englischen Gläubiger erfolgen. Der Bestand des Gläubigerrechts selbst wird aber durch das Zahlungsverbot nicht berührt; vgl. darüber Anm. 16.

Im übrigen wird der Handelsverkehr mit England nicht eingeschränkt; es dürfen Ansprüche, die nicht auf Geldleistungen gehen, z. B. auf Lieferung von Waren, für die kein Ausfuhrverbot besteht (§ 6), erfüllt werden, und weiter können auch neue Verbindlichkeiten eingegangen werden; allerdings wird der Stundungseinwand aus § 2, sofern hierauf nicht verzichtet wird, den Abschluß neuer Verträge kaum entstehen lassen.

[2]) Für die Anordnung eines Vergeltungsrechts wäre Art. 31 EG. BGB. maßgebend. Wegen des Widerspruchs mit § 3 des angezogenen Gesetzes vom 4. Aug. 1914 s. Anm. 3 S. 106.

[3]) Eine Ausnahme des Verbots enthält Abs. 2; weitere unter Umständen gebotene Ausnahmen, z. B. um deutsche Filialen in England zu unterstützen, sei es zur Sicherstellung, sei es zur Erlangung wirklicher Werte für das nationale Vermögen, können nach § 7 besonders zugelassen werden.

[4]) Zahlung ist hier nicht im weiteren Sinne als jede Übereignung von Geldsummen, gleichgültig zu welchen Zwecken, sondern im besonderen Sinne wie nach §§ 244, 245 BGB. als Tilgung einer Geldschuld zu verstehen; dies folgt einmal aus der Zufügung der Geldsurrogate, wie Wechsel, Schecks, die sonst nicht verständlich wäre, sowie aus dem Nachsatz „Geld abführen", der andernfalls eine Tautologie enthalten würde. Sonach erfaßt die Vorschrift in ihrem ersten Satzteil Leistungen auf Grund einer Verbindlichkeit, hingegen im zweiten Satzteil Leistungen unabhängig von einer solchen.

[5]) Das Verbot hat rein territoriale Bedeutung; es sollen Zahlungen nach diesen Gebieten verhindert werden, ebensowie in § 2 Forderungen von Personen und Unternehmungen, die in diesen Gebieten ihr Geschäft betreiben, gestundet werden. Es kommt also auf die Staatsangehörigkeit der Zahlungsempfänger nicht an, so daß bis auf die in Abs. 2 getroffene Ausnahme auch deutsche Reichsangehörige und deutsche Unternehmungen, die in England ansässig sind, keine Zahlungen erhalten sollen. Daher sind auch Einzahlungen auf das eigene Konto des Leistenden verboten.

[6]) An einen mittelbaren Stellvertreter, Ersatzmann, Vermittler, sei es auch im Inlande oder im neutralen Auslande, so z. B. an einen deutschen Agenten, der im Auftrage von Gläubigern in England Forderungen einzieht.

[7]) Nicht nur Währungsgeld (staatliches Geld), sondern alles Geld, was tatsächlich im Verkehr als Zahlungsmittel gilt, insbesondere auch Darlehnskassenscheine sowie ausländische Münzen und ausländische Banknoten.

[8]) Jede Art von Überweisung im Bank- und Postverkehr, auch Anweisungen und Postanweisungen nach neutralen Ländern, auch die gerichtliche Überweisung nach § 835 ZPO.

[9]) Hierunter fallen alle Leistungen an Erfüllungsstatt, so Übereignungen von Gold- und Silberbarren, Juwelen, Nahrungsmitteln usw., ferner Zessionen von Forderungen, und zwar nicht nur von Forderungen an Schuldner, die in neutralen Ländern wohnen, in denen ein Zahlungsverbot gegen England nicht besteht, sondern auch von Forderungen selbst an englische Schuldner, da die Zessionare unter Umständen diese Forderungen im neutralen Ausland verpfänden und hierdurch Geldmittel nach England schaffen können.

[10]) Es handelt sich hier um die Fortschaffung von Vermögensstücken und zwar im Gegensatz zu dem voranstehenden Satzteil unabhängig von jeder Zahlungsverpflichtung, also ohne Rücksicht auf eine Verbindlichkeit, z. B. als Schenkung. Das Verbot beschränkt sich im Gegensatz zu § 4 der Verordnung betr. die Überwachung ausländischer Unternehmungen, der „Gelder oder sonstige Vermögenswerte" einschließt, nur auf Geld und Wertpapiere; so werden Gold- und Silberbarren, Juwelen usw. nicht miterfaßt.

[11]) Ausländische und inländische Wertpapiere, börsengängige und nicht börsengängige. Dagegen sind nicht Wertpapiere Sparkassenbücher, Pfandscheine, Hypothekenbriefe, Gesellschaftsanteile, die immerhin, wenn sie auf englische oder ausländische Institute lauten, für den Empfänger wertvoll sein können.

[12]) Nur die Leistung selbst ist im § 1 verboten, nicht die Annahme; aber infolge der Strafbestimmung des § 6 Ziff. 1 kann sich der Empfänger der Beihilfe schuldig machen.

Die Vorschrift des § 1 stellt sich als ein Verbotsgesetz im Sinne des § 134 BGB. dar. Man wird ohne Bedenken annehmen können, daß ein Verstoß gegen dasselbe die Nichtigkeit des Rechtsgeschäfts zur Folge hat. Die scharfe Ausdrucksweise des § 1 („verboten") in Verbindung mit der schweren Strafandrohung des § 6, sowie die besondere öffentliche Bedeutung der Vorschrift, die das nationale Interesse in den Vordergrund rückt, streben einen besonders wirksamen Schutz der deutschen Volkswirtschaft an; um einen vollen Erfolg zu erreichen, wird man daher auch die Nichtigkeit eines verbotswidrigen Rechtsgeschäfts annehmen müssen. Der in Unkenntnis des Verbots Zahlende wird daher gemäß § 812 BGB. die Leistung zurückfordern können, während für denjenigen, der in voller Kenntnis davon handelte, daß er ein nichtiges Geschäft erfülle, keine Rückforderung besteht (§ 814 BGB.); die Rückforderung kann auch nicht damit begründet werden, daß der Empfänger durch die Annahme sich einer strafbaren Beihilfe schuldig gemacht habe, da auch auf seiten des Leistenden ein Verstoß gegen ein Verbotsgesetz vorliegt (Satz 2 § 817 BGB.).

Das Zahlungsverbot läßt im übrigen das Recht des Gläubigers als solches bestehen; die Forderung ist nicht erlassen, sondern wird gestundet (§ 2). Nicht der einzelne Engländer soll gekränkt werden, sondern der britische Staat in seiner Gesamtheit soll getroffen werden. Jede Zahlung nach englischen Gebieten soll verhindert werden; alles andere ist also gestattet, insbesondere ist also die Klage über eine Forderung eines Engländers gegen einen Deutschen, soweit nicht das Gegenmoratorium in der Verordnung vom 7. Aug. 1914 S. 70 entgegensteht, zulässig, es kann auch Versäumnisurteil ergehen, nur die Vollstreckung ist beschränkt derart, daß zwar Pfändungen gestattet sind, dagegen die Ablieferung gepfändeten Geldes und des Versteigerungserlöses, sowie auch die gerichtliche Überweisung von Forderungen (§ 835 ZPO.) zu unterbleiben hat; unter Umständen können Gerichtsvollzieher und Richter sich der Beihilfe strafbar machen.

[13]) Der Abs. 2 stellt eine Ausnahme von Abs. 1 dar, die vornehmlich deshalb im Gesetz Aufnahme gefunden hat, um nicht für jeden Einzelfall die Genehmigung des Reichskanzlers gemäß § 7 einzuholen. Der Ausdruck „Unterstützung" ist etwas ungenau; er soll die Gewährung von Mitteln jeder Art an dauernd oder vorübergehend Hilfsbedürftige begreifen. Statt dem BGB. zu folgen und von einer Gewährung des Unterhalts zu reden, lehnt sich die Verordnung mehr an das Reichsgesetz über den Unterstützungswohnsitz an. Allerdings wird der Begriff der Hilfsbedürftigkeit nicht zu eng zu fassen sein; neben dem Mangel an Existenzmitteln wird aber schon der Mangel von Reisegeldern zu einer Rückkehr in die Heimat, z. B. für eine in England weilende deutsche Erzieherin, die im übrigen dort ihr Auskommen hat, aber sonst vermögenslos ist, zu rechnen sein. Weiter gehört hierher z. B. die Übersendung von Barmitteln an deutsche Kriegsgefangene, um ihnen Annehmlichkeiten in der Gefangenschaft zu verschaffen. Ob eine, sei es gesetzliche, sei es vertragliche, Pflicht zur „Unterstützung" besteht oder nicht, ist bedeutungslos. Soweit die Leistungen ohne Rücksicht auf das Bestehen einer Verbindlichkeit erfolgen, stellen sie einen Fall dar, der an sich von dem Satzteil 2 des Abs. 1 getroffen wird.

Dagegen fallen nicht unter die Unterstützung Hilfsmittel, um die Fortführung oder Aufrechterhaltung eines Gewerbebetriebs oder von Unternehmungen zu ermöglichen, mögen diese auch in deutschen Händen sein.

§ 2. Schon entstandene oder noch entstehende vermögensrechtliche Ansprüche[14]) solcher natürlicher oder juristischer Personen, die in den im § 1 bezeichneten Gebieten ihren Wohnsitz oder Sitz haben,[15]) gelten vom 31. Juli 1914 an,[16]) oder wenn sie erst an einem späteren Tage zu erfüllen sind, von diesem Tage an bis auf weiteres als gestundet. Für die Dauer der Stundung können Zinsen nicht gefordert werden.[17]) Rechtsfolgen, die sich nach den bestehenden Vorschriften in der Zeit vom 31. Juli 1914 bis zum Inkrafttreten dieser Verordnung[18]) aus der Nichterfüllung ergeben haben, gelten als nicht eingetreten.[19])

Die Stundung wirkt auch gegen jeden Erwerber[20]) des Anspruchs, es sei denn, daß der Erwerb vor dem 31. Juli 1914, oder wenn der Erwerber im Inland seinen Wohnsitz oder Sitz hat, vor dem Inkrafttreten dieser Verordnung stattgefunden hat. Dem Erwerber des Anspruchs steht gleich, wer durch dessen Erfüllung[21]) einen Erstattungsanspruch erlangt hat.[22]).

[14]) Nicht nur Geldforderungen, wie in den Verordnungen vom 7. und 18. Aug. 1914, sondern vermögensrechtliche Ansprüche aller Art, gleichgültig, ob sie vor die ordentlichen, besonderen oder Schiedsgerichte im Sinne des § 1025 ff. ZPO. gehören, sind bis auf weiteres gestundet; auf den Zeitpunkt ihrer Entstehung kommt es nicht an.

[15]) vgl. Anm. 2 S. 70. Es kommt nur darauf an, daß die Personen in diesen Gebieten ansässig sind oder ihr Geschäft betreiben. An hiesige Niederlassungen englischer Unternehmungen kann und muß gezahlt werden, wenn die Forderungen in dem inländischen Betriebe dieser Unternehmungen entstanden sind (§ 5). Die Person des Schuldners ist ganz unerheblich, er kann auch Ausländer sein.

[16]) Der Bestand der Ansprüche bleibt unversehrt; nur die Fälligkeit wird hinausgeschoben. Die Stundung tritt für alle Ansprüche — wichtig für Warenlieferungen, vor allem aber auch für Wechselforderungen; vgl. dazu auch § 4 — mit dem Tage der Fälligkeit ein und zwar für alle bis 30. September 1914 bereits fällig gewordenen Ansprüche mit rückwirkender Kraft; wegen dieser Rückbeziehung ist auch die Form einer Fiktion („gelten") gewählt worden. In der rückwirkenden Stundung liegt eine Aufhebung des Verzugs nicht nur für die Zukunft, sondern auch für die Vergangenheit; infolgedessen ist der Satz 2 § 2 für Verzugszinsen überflüssig. Der Verzug wird aber frühestens mit dem 31. Juli 1914 geheilt; insoweit er vor diesem Tage eingetreten ist, aber auch nur insoweit und mit der zeitlichen Begrenzung bis zu diesem Tage, bleiben er und die entstandenen Folgen bestehen.

Die Stundungsvorschrift wie überhaupt der ganze § 2 hat im Gegensatz zu § 1 keinen zwingenden Charakter; ein Verzicht erscheint zulässig. (a. M. Dalberg DJZ. 14 S. 1261, der eine Verpflichtung zur Erhebung der Einrede annimmt und im Falle der Unterlassung sogar eine Berücksichtigung von Amtswegen fordert).

Zweifelhaft kann sein, inwieweit die Vorschrift mit Art. 23 h des Haager Abkommens vom 18. Okt. 1907 (RGBl. 1910 S. 141), betreffend die Gesetze und Gebräuche des Landkrieges, vereinbar ist, wonach „die Aufhebung oder zeitweilige Außerkraftsetzung der Rechte und Forderungen von Angehörigen der Gegenpartei oder die Ausschließung ihrer Klagbarkeit" untersagt ist.

[17]) Vertragsmäßige und gesetzliche (insbesondere Handels-) Zinsen sind während der Dauer der Stundung nicht zu entrichten; der Fortfall der Verzugszinsen folgt schon daraus, daß die Stundung den Verzug beendet. Die Hemmung des Zinsenlaufs wird hier im Gegensatz zu Abs. 3 § 1 der Verord. v. 7. Aug. 1914 über die gerichtliche Bewilligung von Zahlungsfristen angeordnet; der Schuldner bleibt somit in irgend einer Form im Genusse des Kapitals, ohne zur Gewährung einer Gegenleistung verpflichtet zu sein; darin liegt ein Vorteil, der dem einzelnen zugute kommt, während im übrigen die Verordnung nur allgemeine staatliche Interessen verfolgt und vor allem nur den feindlichen Staat als solchen, nicht aber den einzelnen Angehörigen zu schädigen sucht. Vgl. außerdem Anm. 19.

Die Zinsenpflicht hört nur für die Dauer der Stundung auf; demgemäß laufen Zinsen, soweit sie für die Zeit vor der Fälligkeit geschuldet werden, bis zur Fälligkeit weiter; für verzinsliche Ansprüche, die z. B. erst am 15. Januar 1915 fällig werden, sind die Zinsen bis zu diesem Tage zu entrichten. Ebenso laufen die Zinsen nach Aufhebung der Stundung weiter.

[18]) 30. September 1914.

[19]) Alle Folgen, sowohl allgemeine als besondere, mögen sie nach Gesetz oder Vertrag in der Zeit vom 31. Juli 1914 bis 30. September 1914 eingetreten sein (vgl. Anm. 10 S. 86), gelten als beseitigt; die Folgen, die in einer früheren Zeit eingetreten sind, werden nicht außer Kraft gesetzt, so bleibt ein infolge Nichterfüllung einer Forderung im Mai 1914 entstandener Schadensersatzanspruch bestehen, allerdings mit der aus Satz 1 sich ergebenden Einschränkung, daß er vom 31. Juli 1914 an bis auf weiteres als gestundet gilt und während dieser Stundung auch keinerlei Erweiterungen erfahren kann. Die Beseitigung der Folgen kann unter Umständen zu großen Härten führen; so haftet z. B. der Schuldner bei Verzug nach § 287 BGB. auch für die während des Verzugs durch Zufall eintretende Unmöglichkeit der Leistung; mit der vom Gesetz angeordneten Aufhebung des Verzugs wird die Haftung für die Zufallgefahr auf den englischen Gläubiger abgewälzt. Auch in diesem Falle handelt es sich wie in Anm. 17 um einen Vorteil, den der einzelne Deutsche auf Kosten des einzelnen Engländers erlangt.

Eines Ausspruchs über die Beseitigung künftig eintretender Folgen bedurfte es nicht, da der künftige Eintritt durch die allgemeine „Stundung bis auf weiteres" schon gehindert wird.

[20]) Der Abs. 2 will eine Umgehung verhindern, insbesondere daß Inländer Forderungen aus England erwerben und gegen die deutschen Schuldner einziehen. Unter Erwerb ist nicht nur jede Rechtsnachfolge, sondern die weiteste Art der Nachfolge zu verstehen, nicht nur rechtsgeschäftlicher Erwerb, wie Abtretung, Indossament, sondern auch gerichtliche Überweisung, weiter Erbgang, sowie jede Übertragung kraft Gesetzes (z. B. §§ 426, 774 BGB.). Unter den Nachfolgern wird unterschieden zwischen Inländern, d. h. im Inlande Wohnenden, die auch fremde, auch englische Staatsangehörige sein können, und Personen, die im Auslande, sei es auch im neutralen, wohnen, also auch Deutsche sein können. Gegen Inländer wirkt die gesetzliche Stundung nur dann, wenn der Erwerb nach dem 30. September 1914 stattfindet, gegen die übrigen Nachfolger hingegen schon, wenn sie nach dem 31. Juli 1914 die englischen Ansprüche erworben haben. In dieser Hinsicht besteht bei dem Zahlungsverbot gegen Frankreich vom 20. Okt. 1914 im Art. 1 Abs. 2 eine kleine Abweichung; s. Anm. 4 S. 125.

Im Einzelfall kann die Vorschrift zu einer Schädigung des deutschen Inländers führen, so wenn er als Gläubiger eines in England Wohnenden dessen Forderung gegen einen Deutschen nach dem 30. September 1914 pfändet und sich überweisen läßt; es kann dann der deutsche Drittschuldner gegenüber dem deutschen Gläubiger „bis auf weiteres Stundung" einwenden.

Da der Abs. 2 lediglich Umgehungen vorbeugen will, so kommt es für die Wirkung nur auf den ersten Übergang aus englischer Hand in eine andere an; wenn dieser sich vor dem 31. Juli 1914 und bei einem inländischen Nachfolger sogar noch vor dem 30. Sept. 1914 vollzieht, wird die Stundung hinfällig auch bei jedem späteren neutralen oder deutschen Erwerber, selbst wenn dieser den Anspruch nach dem 31. Juli 1914 oder nach dem 30. Sept. 1914 erlangt. Dies ergibt auch die Wortfassung: „Die" Stundung, d. h. die gegenüber dem Vorgänger begründete Stundung, wirkt weiter; ist die Stundungsfähigkeit aber schon vor den kritischen Zeitpunkten fortgefallen, so wird ein späterer Erwerb seitens Neutraler oder Inländer nicht mehr berührt, auch wenn dieser erst nach den kritischen Zeitpunkten eintritt. Dies ist namentlich für Wechsel von erheblicher Bedeutung; ein Wechsel, der schon beim Vormanne nicht mehr der Stundung unterliegt, unterliegt ihr auch bei keinem Nachmanne, selbst, wenn er nach dem 30. Sept. 1914 erst in den Besitz des Wechsels gelangt ist.

Die Beweislast gestaltet sich so, daß es für den, der den Stundungseinwand erhebt, genügt, zu beweisen, daß der Anspruch zu irgend einem Zeitpunkt einer Person zugestanden hat, die in England ihren Wohnsitz hat; demgegenüber trifft den Anspruchsberechtigten die Beweislast, daß der Zeitpunkt des Erwerbs vor dem 31. Juli — oder wenn er Inländer ist — vor dem 30. Sept. 1914 liegt. In Wechselprozessen wird bei ausländischen undatierten Blankogiros der Wechselinhaber kaum diesen Nachweis führen können.

Zu beachten ist, daß, wenn der Stundungseinwand nicht durchgreift, immer noch das Zahlungsverbot aus § 1 — allerdings erst in dem Vollstreckungsverfahren — zu befolgen ist, also die Zahlung abzulehnen ist, wenn Grund zu der Annahme besteht, daß die Geldsumme oder ihr Wert nach England abgeführt werden soll.

21) wohl richtiger „Befriedigung"; denn auch Leistung an Erfüllungsstatt, Hinterlegung und Aufrechnung werden einzuschließen sein.

22) Die Gleichstellung des Erwerbes des Erstattungsanspruchs mit demjenigen des Anspruchs erübrigt sich im Grunde bei dem weiten Begriff, der im Satz 1 „jedem Erwerber" zukommt und nicht nur den Rechtsnachfolger, sondern jede Nachfolge im weitesten Sinne erfaßt; zudem geht der durch Erfüllung des Anspruchs erlangte Erstattungsanspruch in diesem auf.

3. Der Schuldner kann sich dadurch befreien,[23]) daß er die geschuldeten Beträge oder Wertpapiere bei der Reichsbank[24]) für Rechnung des Berechtigten hinterlegt.

23) Die Befreiung ist aber nur dann eine endgültige, wenn der Schuldner die Rücknahme ausgeschlossen hat (§ 378 BGB.).

24) Eine Hinterlegung bei einer anderen öffentlichen Stelle scheint aus dem Grunde ausgeschlossen zu sein, daß die Reichsbank keine Zinsen

zahlt und insofern die Hinterlegung den englischen Gläubiger nicht besser stellt, als dies nach Satz 2 § 2 der Fall ist, während bei einer anderen Hinterlegungsstelle dem Gläubiger unter Umständen Zinsen zufließen würden.

§ 4. Bei Wechseln, bei denen zur Zeit des Inkrafttretens[25]) dieser Verordnung die Frist für die Vorlage zur Zahlung und für die Protesterhebung wegen Nichtzahlung noch nicht abgelaufen und Protest noch nicht erhoben ist, wird durch das Zahlungsverbot und die Stundung die Zeit, zu der die Vorlage zur Zahlung und die Protesterhebung wegen Nichtzahlung zulässig und erforderlich ist, bis nach dem Außerkrafttreten dieser Verordnung hinausgeschoben.[26]) Die Frist, innerhalb deren die Vorlage und die Protesterhebung nach dem Außerkrafttreten zu erfolgen hat, bestimmt der Reichskanzler.

Die Vorschriften des Abs. 1 finden entsprechende Anwendung auf Schecks, bei denen die Zeit, innerhalb deren sie zur Zahlung vorzulegen sind, bei dem Inkrafttreten dieser Verordnung noch nicht abgelaufen ist.

Eine Verpflichtung zur Entrichtung des weiteren Wechselstempels nach § 3 Abs. 2 des Wechselstempelgesetzes wird durch das Zahlungsverbot und die Stundung nicht begründet.

[25]) 30. September 1914.

[26]) Bei Wechseln und nach Abs. 2 auch bei Schecks, auf deren Forderungen sich das Zahlungsverbot aus § 1 oder die Stundung aus § 2 erstreckt, wird die Zeit für die Präsentation und den Protest bis nach dem Außerkrafttreten der Verordnung hinausgeschoben; dies gilt aber nicht, wenn am 30. September 1914 die Frist zur Präsentation und zum Protest schon abgelaufen oder Protest schon erhoben war. Die Ausdrucksweise, daß „durch das Zahlungsverbot und die Stundung" die Zeit hinausgeschoben werde, ist nicht ganz zutreffend; die Hinausschiebung ist eine Folge der ausdrücklichen Anordnung in der Verordnung.

§ 5. Die Vorschriften der §§ 1 bis 4 finden keine Anwendung,[27]) wenn es sich um eine im Inland erfolgende Erfüllung[28]) von Ansprüchen handelt, die für die im § 2 bezeichneten natürlichen oder juristischen Personen im Betrieb ihrer im Inland unterhaltenen Niederlassungen[29]) entstanden sind. Die Vorschriften der §§ 2, 3 finden jedoch Anwendung,[30]) wenn es sich um Rückgriffsansprüche der bezeichneten Personen wegen der Nichtannahme oder Nichtzahlung eines im Ausland zahlbaren Wechsels handelt.

[27]) Der Paragraph führt eine Ausnahme ein zugunsten hiesiger Niederlassungen von solchen Personen oder Unternehmungen, die in England ihren Sitz haben; Ansprüche, die für sie im Betriebe ihrer deutschen Niederlassungen entstanden sind, werden nicht gestundet, sondern können und müssen bezahlt werden, z. B. sind Gasrechnungen an die deutschen Niederlassungen englischer Unternehmungen zu begleichen. Voraussetzung ist aber, daß die Erfüllung der Ansprüche im Inlande selbst sich vollzieht. Die Abführung der eingenommenen Gelder nach dem Mutterland ist natürlich den Niederlassungen verboten (§ 1); im übrigen wird einem etwaigen Unterfangen durch Bestellung einer Überwachung nach der Verordnung vom 4. September 1914 auch schon vorgebeugt.

Dagegen findet die Ausnahmevorschrift keine Anwendung auf die Fälle, bei denen es sich um eine reine Agententätigkeit im Auftrage von in England wohnenden Gläubigern handelt; die Forderungen, die solche Personen einzuziehen versuchen, sind nicht im Betriebe hiesiger Niederlassungen entstanden; sie fallen unter das Verbot des § 1.

[28]) Es wird nur erfordert, daß die Erfüllung (s. Anm. 21) sich im Inlande tatsächlich vollzieht; nicht etwa muß es sich unbedingt um einen Erfüllungsort im Sinne der §§ 269, 270 BGB. handeln, der im Inlande gelegen sein muß.

[29]) s. Anm. 5 S. 106. Es kommt nur darauf an, ob vom Inlande aus selbständig Geschäfte abgeschlossen werden; ist dies der Fall, so darf und muß gezahlt werden. Unerheblich ist dagegen z. B., ob die Fabrikation der im Inland vertriebenen Waren im feindlichen Ausland erfolgt ist; es genügt, wenn die inländische Niederlassung sich darauf beschränkt, lediglich die ihr übersandten Waren zu vertreiben.

[30]) Von der Bestimmung im Satz 1 wird der Fall ausgenommen, daß die in Deutschland befindlichen Niederlassungen Rückgriff wechselrechtlicher oder zivilrechtlicher Art nehmen wollen, weil im Ausland zahlbare Wechsel nicht angenommen oder nicht eingelöst wurden; in diesem Falle kann der Einwand der Stundung erhoben werden.

§ 6.[31]) Mit Gefängnis bis zu 3 Jahren und mit Geldstrafe bis zu 50 000 Mark oder mit einer dieser Strafen wird, sofern nicht nach anderen Strafgesetzen[32]) eine höhere Strafe verwirkt ist, bestraft

1. wer wissentlich[33]) der Vorschrift des § 1 zuwiderhandelt;
2. wer wissentlich einem deutschen Ausfuhrverbote[34]) zuwider Waren nach den im § 1 bezeichneten Gebieten mittelbar[35]) oder unmittelbar ausführt;

3. wer wissentlich Waren, für die in Deutschland ein Ausfuhrverbot besteht, aus einem anderen Lande nach den im § 1 bezeichneten Gebieten mittelbar oder unmittelbar abführt oder überweist.[36])

Der Versuch ist strafbar.

[31]) In Kraft getreten am 5. Okt. 1914; vgl. § 8; gegen Frankreich erst mit dem 25. Oktober 1914.

[32]) z. B. nach § 89 StGB. wegen Landesverrats.

[33]) Damit wird der dolus eventualis schlechthin ausgeschlossen (anders im § 5 der Verord. vom 4. Sept. 1914 betr. die Überwachung ausländischer Unternehmungen); nur der dolus directus wird getroffen.

[34]) z. B. in den Verordnungen vom 31. Juli 1914 (RGBl. S. 265 ff.) hinsichtlich Waffen, Eisenbahnmaterial, Rohstoffe zur Herstellung von Kriegsbedarf, von Verband- und Arzneimitteln, Tauben usw. Dagegen ist es zulässig solche Waren nach England zu liefern, für die kein Exportverbot besteht.

[35]) z. B. auf dem Wege über neutrales Land. Vgl. im übrigen Anm. 6.

[36]) z. B. wenn deutsche Kaufleute im Auslande angeschafftes Getreide von dort weiter nach England verkaufen. Jedoch kann bei diesem Verbote der Reichskanzler gemäß § 7 Ausnahmen zulassen.

§ 7. Der Reichskanzler kann Ausnahmen von dem Verbote des § 1[37]) und des § 6 Abs. 1 Nr. 3 zulassen.

Er kann im Wege der Vergeltung die Vorschriften dieser Verordnung auch auf andere feindliche Staaten für anwendbar erklären[38]).

[37]) So sind durch Bekanntmachung des Reichskanzlers vom 13. Okt. 1914 (Deutscher Reichsanzeiger vom 14. Okt. 1914) Zahlungen bis auf weiteres zugelassen, die zum Erlangen, Erhalten oder Verlängern des Patent-, Muster- oder Warenzeichenschutzes erforderlich sind.

[38]) sei es schlechthin, sei es zum Teil. Die Vorschriften sind gegen Frankreich durch die Bekanntmachung vom 20. Okt. 1914 (RGBl. S. 443) mit einer kleinen Einschränkung übertragen.

§ 8. Diese Verordnung tritt mit dem Tage der Verkündung, der § 6 jedoch erst mit dem 5. Oktober 1914 in Kraft.

Der Reichskanzler bestimmt, wann und in welchem Umfang diese Verordnung außer Kraft tritt.

Berlin, den 30. September 1914.

Der Stellvertreter des Reichskanzlers. Delbrück.

Bekanntmachung.

(Deutscher Reichsanzeiger Nr. 242 vom 14. Okt. 1914.)

Auf Grund des § 7 der Verordnung des Bundesrats, betreffend Zahlungsverbot gegen England, vom 30. September 1914 (Reichsgetzsebl. 421) werden Zahlungen, die zum Erlangen, Erhalten oder Verlängern des Patent-, Muster- oder Warenzeichenschutzes erforderlich sind, bis auf weiteres zugelassen.

Berlin, den 13. Oktober 1914.

Der Reichskanzler. In Vertretung: Delbrück.

Bekanntmachung, betr. Zahlungsverbot gegen Frankreich.[1])

Vom 20. Oktober 1914 (RGBl. S. 443).

Auf Grund des § 7 Abs. 2 der Verordnung, betreffend Zahlungsverbot gegen England, vom 30. September 1914 (Reichs-Gesetzbl. S. 421) wird folgendes bestimmt:

Art. 1. Die Vorschriften der Verordnung vom 30. September 1914 werden im Wege der Vergeltung[2]) auch auf Frankreich und die französischen Kolonien und auswärtigen Besitzungen für anwendbar erklärt.[3])

Die Anwendung unterliegt folgenden Einschränkungen:

1. Für die Frage, ob die Stundung gegen den Erwerber wirkt oder nicht (§ 2 Abs. 2 der Verordnung), kommt es ohne Rücksicht auf den Wohnsitz oder Sitz des Erwerbers nur darauf an, ob der Erwerb nach dem Inkrafttreten dieser Bekanntmachung oder vorher stattgefunden hat.[4])
2. Soweit in der Verordnung vom 30. September 1914 auf den Zeitpunkt ihres Inkrafttretens verwiesen wird, tritt der Zeitpunkt des Inkrafttretens[5]) dieser Bekanntmachung an die Stelle.

Art. 2. Diese Bekanntmachung tritt mit dem Tage der Verkündung, hinsichtlich der Strafbestimmungen des § 6 der Verordnung vom 30. September 1914 jedoch erst mit dem 25. Oktober 1914 in Kraft.

[1]) Auch hierzu ist eine offiziöse Erläuterung in der Norddeutschen Allgemeinen Zeitung (Nr. 259 vom 22. Okt. 1914) ergangen.

²) Die Verordnung, die nicht unmittelbar vom Bundesrat, sondern vom Reichskanzler auf Grund der ihm in Abs. 2 § 7 der Verordnung vom 30. Sept. 1914 erteilten Ermächtigung ausgeht, ist wie das Zahlungsverbot gegen England eine Gegenmaßregel gegenüber einem Handels- und Zahlungsverbot der französischen Regierung.

³) Das Zahlungsverbot gegen England wird auf Frankreich und die französischen Kolonien, sowie auf die auswärtigen Besitzungen dieses Landes ausgedehnt; nur in einer Hinsicht wird eine Milderung vorgenommen; diese ergibt sich aus Abs. 2. Es gilt daher hier ohne weiteres alles zu der Verordnung vom 30. Sept. 1914 Gesagte, so daß hierauf zu verweisen ist. Der Übersicht halber sei nur kurz das Ergebnis der entsprechenden Anwendung zusammengefaßt: Es ist bis auf weiteres bei Gefängnisstrafe bis zu 3 Jahren und Geldstrafe bis zu 50 000 M. verboten, mittelbar oder unmittelbar Zahlungen nach Frankreich oder nach den Kolonien und auswärtigen Besitzungen Frankreichs zu leisten (§ 1 u. 6). Ferner gelten die schon entstandenen und noch entstehenden Ansprüche solcher natürlichen oder juristischen Personen, die in Frankreich oder dessen überseeischen Gebieten ihren Wohnsitz oder Sitz haben, vom 31. Juli 1914 an bezw. von dem späteren Fälligkeitstage an bis auf weiteres als gestundet, und zwar zinslos (§ 2). Dies gilt aber nicht für die in Deutschland unterhaltenen Niederlassungen französischer Unternehmungen (§ 5). Von der Stundung werden auch Wechselforderungen ergriffen und zwar mit der Wirkung, daß auch die Protesterhebung bis nach Beendigung des Krieges hinausgeschoben wird (§ 4). Die Stundung der Zahlungsverpflichtung wirkt auch hier grundsätzlich gegen jeden Erwerber des Auslandsanspruchs, jedoch gemäß Abs. 2 des Artikels mit einer kleinen Abweichung; siehe darüber Anm. 4.

⁴) In dem Zahlungsverbot gegen England § 2 Abs. 2 ist bestimmt: Die Stundung wirkt auch gegen jeden Erwerber des Anspruchs, es sei denn, daß der Erwerb vor dem 31. Juli 1914 oder, wenn der Erwerber im Inland seinen Wohnsitz oder Sitz hat, vor dem Inkrafttreten dieser Verordnung (dem 30. September 1914) stattgefunden hat. (Vgl. dazu Anm. 20 S. 119.) Derselbe Grundsatz gilt auch gegenüber Frankreich; nur fällt die Unterscheidung zwischen einem Erwerber im Inland und einem Erwerber im Ausland fort; es kommt nur darauf an, wie es im Gesetzestext heißt, ob der Erwerb nach dem Inkrafttreten der Bekanntmachung, d. i. dem 20. Oktober 1914, oder vorher stattgefunden hat, mit anderen Worten, die Stundung wirkt nur hinsichtlich eines Erwerbs nach dem 20. Oktober 1914. Sie kann also nicht eingewendet werden, wenn der in Frankreich ansässige Gläubiger seinen Anspruch an eine im neutralen Auslande oder in Deutschland wohnende Person vor dem 20. Oktober 1914 überträgt, insbesondere der Wechselgläubiger den Wechsel an eine solche Person vor diesem Zeitpunkt indossiert.

Der Wortlaut der Gesetzesbestimmung ist etwas ungenau; nach ihm richtet sich der Stundungseinwand gegen jeden, der den Auslandsanspruch auf Grund eines Erwerbs nach dem 20. Oktober 1914 („nur darauf kommt es an", wie es wörtlich heißt) geltend macht, also gleichviel ob etwa ein Rechtsvorgänger — Inländer oder neutraler Ausländer — seinerseits den Anspruch bereits vor dem 20. Oktober 1914 erlangt hat. Aber auch hier gilt entsprechend dem Zwecke der Vorschrift, der doch nur auf eine Verhütung der Umgehung gerichtet ist, dasselbe wie bei dem Zahlungsverbot gegen England (vgl. Anm. 20 S. 119); es kann nur darauf ankommen, ob die erste Übertragung aus französischer Hand, sei es in eine neutrale, sei es in eine deutsche Hand, vor dem 20. Oktober 1914 erfolgt ist; die Stundung greift auch gegenüber einem nach diesem kritischen Zeitpunkt vollzogenen Erwerbe nicht mehr Platz, wenn der Auslandsanspruch bereits bei einem Vorgänger vor dem 20. Oktober 1914 seine Stundungsfähigkeit verloren hat.

Hinsichtlich der Beweislast für den Zeitpunkt des Erwerbs, insbesondere auch hinsichtlich der Schwierigkeiten bei einem undatierten französischen Blankogiro im Wechselprozeß, sowie hinsichtlich der Beobachtung des Zahlungsverbots (§ 1) unabhängig von dem Bestehen oder Nichtbestehen eines Stundungseinwandes gilt das in Anm. 20 S. 120 Gesagte.

[5]) 20. Oktober 1914.

Bekanntmachung, betr. Zahlungsverbot gegen Rußland.

Vom 19. November 1914 (RGBl. S. 479).

Auf Grund des § 7 Abs. 2 der Verordnung, betreffend Zahlungsverbot gegen England, vom 30. September 1914 (Reichs-Gesetzbl. S. 421) wird folgendes bestimmt:

Art. 1. Die Vorschriften der Verordnung vom 30. September 1914 werden im Wege der Vergeltung auch auf Rußland und Finnland für anwendbar erklärt.

Die Anwendung unterliegt folgenden Einschränkungen:

1. Für die Frage, ob die Stundung gegen den Erwerber wirkt oder nicht (§ 2 Abs. 2 der Verordnung), kommt es ohne Rücksicht auf den Wohnsitz oder Sitz des Erwerbers nur darauf an, ob der Erwerb nach dem Inkrafttreten dieser Bekanntmachung oder vorher stattgefunden hat.
2. Soweit in der Verordnung vom 30. September 1914 auf den Zeitpunkt ihres Inkrafttretens verwiesen wird, tritt der Zeitpunkt des Inkrafttretens dieser Bekanntmachung an die Stelle.

Art. 2. Diese Bekanntmachung tritt mit dem Tage der Verkündung, hinsichtlich der Strafbestimmungen des § 6 der Verordnung vom 30. September 1914 jedoch erst mit dem 25. November 1914 in Kraft.

III.

Verfügungen des Justizministers.

Allgemeine Verfügung vom 5. August 1914 über die Einziehung von Kosten und anderen, dem Staate gebührenden Geldbeträgen. (JMBl. S. 660.)

Bei der Einziehung von Kosten und anderen dem Staate gebührenden Geldbeträgen ist auf die durch den Ausbruch des Krieges veränderte allgemeine wirtschaftliche Lage Rücksicht zu nehmen. Die mit der Einziehung befaßten Dienststellen und Beamten werden deshalb veranlaßt, die Zahlungsfähigkeit der Schuldner im Einzelfalle sorgfältig zu prüfen und gegenüber Personen, die infolge des gegenwärtigen Kriegszustandes in eine bedrängte Lage gekommen sind, insbesondere gegenüber Familien, deren Ernährer zu den Fahnen einberufen sind, mit Schonung vorzugehen. Insbesondere ist auch die Art der Einziehung den Umständen des Einzelfalles anzupassen und deshalb gegenüber Personen, deren Zahlungsfähigkeit nicht völlig zweifelsfrei erscheint, von der Einziehung der Kosten im Nachnahmeverfahren oder im vereinfachten Abholungsverfahren abzusehen. Etwaigen Stundungsgesuchen ist zu entsprechen, wenn zu erwarten ist, daß durch eine Stundung wirtschaftlichen Schädigungen der Schuldner vorgebeugt wird.

Berlin, den 5. August 1914.

Der Justizminister. Dr. Beseler.

Allgemeine Verfügung vom 5. August 1914, — betreffend die Anberaumung von Versteigerungsterminen in dem Verfahren der Versteigerung von Gegenständen, welche der Zwangsvollstreckung in das unbewegliche Vermögen unterliegen. (JMBl. S. 661.)

In dem am 4. d. M. von dem Reichstag angenommenen Gesetze, betreffend den Schutz der infolge des Krieges an der Wahrnehmung ihrer Rechte behinderten Personen, ist die Versteigerung von Gegenständen, welche der Zwangsvollstreckung in das unbewegliche Vermögen unterliegen, insofern erheblichen Beschränkungen unterworfen, als sie sich gegen Militärpersonen richtet oder Militärpersonen bei ihr beteiligt sind.

Aber auch darüber hinaus sind wirtschaftliche Schäden nicht nur einzelner Beteiligter, sondern auch der Allgemeinheit möglich, wenn der Versteigerungstermin in der gegenwärtigen Zeit abgehalten wird. Soweit ein Versteigerungstermin bisher noch nicht anberaumt ist, gibt der § 36 Abs. 2 des Zwangsversteigerungsgesetzes dem Vollstreckungsgerichte die Handhabe, zu prüfen, ob nicht besondere Gründe[1]) dafür vorliegen, den Zeitraum zwischen der Anberaumung des Termins und dem Termine so zu bemessen, daß die Entstehung von Schäden der erwähnten Art vermieden wird. Aus dem gleichen Grunde kommt auch eine Vertagung eines bereits angesetzten Versteigerungstermins in Frage. Daß eine solche Vertagung — wenn auch nur in außergewöhnlichen Fällen — zulässig ist, hat das Reichsgericht in dem Urteile vom 27. Februar 1914 (Warneyers Jahrbuch der Entscheidungen, Ergänzungsband 1914 S. 265), s. auch das Urteil des Reichsgerichts vom 25. April 1911 (Juristische Wochenschrift 1911 S. 599), anerkannt.

Berlin, den 5. August 1914.

Der Justizminister. Dr. Beseler.

[1]) Die Denkschrift hebt als Beispiel hervor: „um eine dem Schuldner nachteilige Versteigerung zu ungelegener Zeit zu verhindern".

Allgemeine Verfügung vom 13. August 1914 über die gerichtliche Bewilligung von Zahlungsfristen und über die Anordnung einer Geschäftsaufsicht zur Abwendung des Konkursverfahrens. (JMBl. S. 677.)

Der Herr Minister für Handel und Gewerbe hat auf Grund der Verordnungen des Bundesrats vom 7. und 8. d. M. über die gerichtliche Bewilligung von Zahlungsfristen und über die Anordnung einer Geschäftsaufsicht zur Abwendung des Konkursverfahrens (RGBl. S. 359 und 363) an sämtliche Handelsvertretungen den nachstehenden Erlaß vom 11. d. M. — J.-Nr. IIb 7607 — gerichtet, den ich hiermit zur Kenntnis der Justizbehörden bringe. Ich weise insbesondere darauf hin, daß die Handelsvertretungen auf Erfordern Personen namhaft machen werden, die sich zur Bestellung als Aufsichtspersonen bei Anordnung einer Geschäftsaufsicht zur Abwendung des Konkursverfahrens eignen. Ich ersuche daher die Amtsgerichte, sich wegen Benennung solcher Aufsichtspersonen erforderlichenfalls mit den zuständigen Handelsvertretungen (in Berlin: mit der Handelskammer) in Verbindung zu setzen.

Berlin, den 13. August 1914.

Der Justizminister. Dr. Beseler.

* * *

Um in den jetzigen Kriegszeiten den wirtschaftlich schwächeren Kreisen möglichst zu Hilfe zu kommen, ohne doch den Weg eines in seinen Wirkungen schwer zu übersehenden allgemeinen Moratoriums betreten zu müssen, hat der Bundesrat unter dem 7. und 8. d. M. zwei Verordnungen über die gerichtliche Bewilligung von Zahlungsfristen und über die Anordnung einer Geschäftsaufsicht zur Abwendung des Konkursverfahrens (RGBl. S. 359 und 363) erlassen.

I. Nach der Bekanntmachung über die gerichtliche Bewilligung von Zahlungsfristen kann in schon anhängigen oder noch anhängig werdenden bürgerlichen Rechtsstreitigkeiten, sofern es sich um eine vor dem 31. Juli 1914 entstandene Geldforderung handelt, das Prozeßgericht auf Antrag des Beklagten eine mit der Verkündung des Urteils beginnende Zahlungsfrist von längstens drei Monaten bestimmen. Wenngleich in der Verordnung nur von „Geldforderungen" die Rede ist, so ist sie doch insofern auch auf Forderungen auf Lieferung von Waren u. dergl. anzuwenden, als solche Forderungen sich im Falle der Nichterfüllung in Geldforderungen verwandeln. Diese Geldforderungen sind als vor dem 31. Juli 1914 entstanden anzusehen, wenn die Warenforderung vor diesem Tage entstanden war.

Wenn noch kein Prozeßverfahren schwebt, so hat der Schuldner, der die Forderung anerkennen will, aber eine Zahlungsfrist zu benötigen glaubt, die Berechtigung, seinen Gläubiger ohne Rücksicht auf den Wert des Streitgegenstandes vor das Amtsgericht zu laden, vor dem der Gläubiger seinen allgemeinen Gerichtsstand hat (in der Regel Gericht des Wohnsitzes), zum Zwecke der Verhandlung über die Bestimmung einer Zahlungsfrist. In der Verhandlung hat der Schuldner seine Schuld anzuerkennen und die Gründe darzulegen und auf Erfordern glaubhaft zu machen, aus denen er einen Zahlungsaufschub verlangt. In dem darauf auf Antrag des erschienenen Gläubigers ergehenden Anerkenntnisurteile kann das Gericht die Zahlungsfrist bestimmen. Beim Ausbleiben des Gläubigers findet eine Fristgewährung außerhalb des Prozesses nicht statt; der Schuldner, der Ausstand vom Richter erbitten will, wird es in diesem Falle abwarten können, daß ihn der Gläubiger verklagt; er kann dann im Prozesse die Zahlungsfrist vom Richter erbitten.

Endlich kann bei Zwangsvollstreckungen, falls eine Zahlungsfrist nicht bereits bestimmt ist, auf Antrag des Schuldners die Vollstreckung von dem zuständigen Vollstreckungsgericht auf längstens drei Monate eingestellt werden.

Die Bewilligung einer Zahlungsfrist ist zulässig, wenn die Lage des Schuldners sie rechtfertigt und die Zahlungsfrist dem Gläubiger nicht einen unverhältnismäßigen Nachteil bringt. Sie kann je nach Lage des Falles für den Gesamtbetrag oder für einen Teilbetrag erfolgen, auch von einer Sicherheitsleistung abhängig gemacht werden. Gedacht ist namentlich an den Fall, daß ein Schuldner dadurch in Not gerät, daß er seinerseits nicht imstande ist, die ihm geschuldeten Beträge einzutreiben. Böswilligen Schuldnern muß die Vergünstigung selbstverständlich vorenthalten bleiben. Überhaupt muß immer im Auge behalten werden, daß die einem Schuldner gewährte Zahlungsfrist wieder dessen Gläubiger nötigen kann, eine Zahlungsfrist nachzusuchen.

Auf Forderungen des öffentlichen Rechtes (Steuern, Abgaben, Versicherungsbeiträge) bezieht sich die Verordnung nicht, wohl aber auf solche Forderungen, die dinglich gesichert sind (Hypotheken), auch Mietzinsen sind nicht ausgenommen.

II. Die oben an zweiter Stelle genannte Bekanntmachung greift weiter. Auch sie ist zum Schutze der infolge des Krieges ohne ihr Verschulden zahlungsunfähig gewordenen Schuldner erlassen. Sie sieht die Anordnung einer Geschäftsaufsicht zur Abwendung des Konkursverfahrens vor. Die Geschäftsaufsicht besteht in einer Beaufsichtigung der Geschäftsführung des Schuldners durch eine oder mehrere, von dem Gerichte bestellte Aufsichtspersonen. Die Aufsichtspersonen haben die Geschäftsführung des Schuldners nicht nur zu überwachen, sondern auch zu unterstützen. Sie haben gegen den Schuldner Anspruch auf Erstattung angemessener barer Auslagen und auf Vergütung für ihre Geschäftsführung. Im übrigen ist das Verfahren gebührenfrei. Die Geschäftsaufsicht wird von dem Gericht angeordnet, das für die Eröffnung des Konkursverfahrens zuständig wäre. Während der Dauer der Aufsicht darf das Konkursverfahren über das Vermögen des Schuldners nicht eröffnet werden. Auch ist der Schuldner gegen Arreste und Zwangsvollstreckungen wegen solcher Forderungen gesichert, die unter das Verfahren fallen. Vorbehaltlich der unten bezeichneten Ausnahmen erstreckt sich das Verfahren auch auf alle Forderungen, auch auf solche, die erst nach dem Ausbruch des Krieges entstanden sind. Der Schuldner darf nur solche Verbindlichkeiten eingehen, die zur Fortführung des Geschäfts oder zu einer bescheidenen Lebensführung für sich und seine Familie erforderlich sind. Im übrigen bedarf er der Zustimmung der Aufsichtspersonen. Namentlich soll er ohne Zustimmung der Aufsichtspersonen weder unentgeltliche Verfügungen oder Verfügungen über Grundstücke und Rechte an Grundstücken vornehmen, noch Ansprüche befriedigen oder sicherstellen. Um der Anordnung der Geschäftsaufsicht alles fern zu halten, was die Ehre des Schuldners berühren könnte, wird von jeder öffentlichen Bekanntmachung abgesehen. Gleichwohl sind die Interessen Dritter, die ohne Kenntnis der Anordnung mit dem Schuldner abschließen, zu denen dieser nicht befugt ist, genügend geschützt. Denn diese Geschäfte sind nicht ungültig: der Schuldner aber, der den Verpflichtungen, die ihm die Anordnung der Aufsicht auferlegt, zuwiderhandelt, läuft Gefahr, daß das Gericht das Verfahren aufhebt. Alsdann kann jeder Gläubiger die Zwangsvollstreckung betreiben und nach den Vorschriften der Konkursordnung die Eröffnung des Konkursverfahrens beantragen.

Die vorhandenen Mittel des Schuldners sind, soweit sie nicht zur Fortführung des Geschäfts und zu einer bescheidenen Lebensführung des Schuldners und seiner Familie erforderlich sind, zur Befriedigung der Gläubiger zu verwenden. In welcher Weise dies zu geschehen hat, ist dem billigen Ermessen der Aufsichtspersonen überlassen. Im § 9 der Bekanntmachung ist jedoch eine Reihe von Forderungen aufgeführt, die nicht unter das Verfahren fallen, daher alsbald zu befriedigen sind und wegen deren auch die Zwangsvollstreckung zulässig bleibt. Es sind dies in erster Linie Ansprüche aus Geschäften, die der Schuldner nach Anordnung des Verfahrens befugterweise abgeschlossen hat, ferner Steuern und andere öffentliche Abgaben sowie Löhne und Gehälter, auch soweit sie erst nach Anordnung der Aufsicht fällig werden. Gläubiger, die für ihre Forderungen ein Pfandrecht besitzen, werden zwar durch die Anordnung der Aufsicht nicht gehindert, sich aus dem Pfande für ihre Forderung zu befriedigen. Ist aber eine solche Forderung vor dem 31. Juli 1914 entstanden, so kann der Schuldner auf Grund der Verordnung über die gerichtliche Bewilligung von Zahlungsfristen eine Zahlungsfrist nachsuchen, durch deren Bewilligung auch die Veräußerung des Pfandes gehemmt wird.

III. Die Handelsvertretungen ersuche ich, die Angehörigen ihres Bezirkes bei der Ausübung der ihnen nach diesen Verordnungen zustehenden Rechte zu beraten und namentlich auf die Auswahl geeigneter Persönlichkeiten Bedacht zu nehmen, die als Aufsichtspersonen im Sinne der Bekanntmachung über die Anordnung einer Geschäftsaufsicht zur Abwendung des Konkursverfahrens in Frage kommen können, und solche Persönlichkeiten den Gerichten auf Erfordern zu benennen. Ich nehme an, daß es auch gelingen wird, Persönlichkeiten zu finden, die früher im Geschäftsleben gestanden haben und bereit sind, ehrenamtlich ihre Kenntnisse und Erfahrungen in den Dienst der Aufgabe zu stellen, Existenzen, die durch den Krieg zahlungsunfähig geworden sind, vor dem Konkurs und damit vor dem wirtschaftlichen Untergange zu bewahren und auf diese Weise auch dem Vaterlande zu dienen.

Berlin, den 11. August 1914.

Der Minister für Handel und Gewerbe. Sydow.

Allgemeine Verfügung vom 13. August 1914 über die Förderung von Abschlags- und Schlußverteilungen im Konkursverfahren. (JMBl. S. 669.)

Zur Milderung der durch den Kriegsausbruch geschaffenen wirtschaftlichen Schwierigkeiten wird es beitragen, wenn die in Konkursen festgelegten Massen den Gläubigern baldmöglichst ausgezahlt werden. Freilich wird es sich in den meisten Fällen nicht ermöglichen lassen, sofort die Schlußverteilung vorzunehmen, wenngleich sie durch baldige Verwertung der Restmassen, durch rechtzeitige Aufstellung der Schlußrechnung und durch schnelle Ansetzung des Schlußtermins vielfach beschleunigt werden kann. Dagegen werden in zahlreichen Konkursen Abschlagsverteilungen möglich sein, durch die den Gläubigern Mittel zufließen werden, die ihnen in den jetzigen Zeiten besonders erwünscht sind.

Den Amtsgerichten gebe ich anheim, von diesen Gesichtspunkten aus auf die Konkursverwalter einzuwirken und sie zu veranlassen, soweit irgend möglich, Abschlagsverteilungen vorzunehmen und auch die alsbaldige Herbeiführung der Schlußverteilung mit allen Mitteln anzustreben.

Berlin, den 13. August 1914.

Der Justizminister. Dr. Beseler.

Allgemeine Verfügung vom 20. August 1914 über die Ernennung von Konkursverwaltern neben den zum Heere eingezogenen bisherigen Konkursverwaltern und über die Berufung von Gläubigerversammlungen zur Ergänzung der aus Anlaß des Krieges beschlußunfähig gewordenen Gläubigerausschüsse. (JMBl. S. 688.)

Nach der in der Rechtslehre herrschenden Ansicht (Jaeger, Kommentar zur Konkursordnung § 78 Anm. 6; Kleinfeller, Kommentar zur Konkursordnung §§ 78 bis 81 Anm. 5; Seuffert, Deutsches Konkursprozeßrecht S. 159) ist das Konkursgericht, wenn der Konkursverwalter an der Ausübung seines Amtes verhindert ist, berechtigt, zum Zwecke seiner Vertretung neben ihm einen anderen Verwalter zu bestellen. Eine tatsächliche Verhinderung des Verwalters liegt regelmäßig vor, wenn er zum Heere einberufen ist. Die Amtsgerichte werden daher zu prüfen haben, inwieweit in solchen Fällen von der Befugnis, einen anderen Verwalter zu ernennen, Gebrauch zu machen ist.

Ist die Mehrheit der Mitglieder eines Gläubigerausschusses einberufen, so wird eine beschlußfähige Mehrheit des Ausschusses (Konkursordnung § 90) im Wege der Neuwahl oder Zuwahl der erforderlichen Zahl von Mitgliedern durch die Gläubigerversammlung wieder geschaffen werden können. Soweit hiernach, sei es von Amts wegen, sei es auf Antrag, eine Gläubigerversammlung einberufen wird, ist die Einberufung tunlichst zu beschleunigen.

Berlin, den 20. August 1914.

Der Justizminister. Dr. Beseler.

Allgemeine Verfügung vom 2. September 1914, betreffend Zustellungen und Zwangsvollstreckungen während des Krieges, insbesondere in Angelegenheiten der aktiven Militär- und Marinepersonen. (JMBl. S. 701.)

§ 27 Abs. 2 der Geschäftsanweisung für die Gerichtsvollzieher (JMBl. 1914 S. 343).
Allgemeine Verfügung vom 1. Februar 1910 (JMBl. S. 43).
Allgemeine Verfügung vom 26. März 1914 (JMBl. S. 461).

Zur Beseitigung hervorgetretener Zweifel bemerke und bestimme ich folgendes:

I.

Nach § 172 ZPO., der nach § 37 StrPO. auch für Zustellungen in Strafsachen gilt, müssen[1]) Zustellungen für einen Unteroffizier oder einen Gemeinen des aktiven Heeres oder der aktiven Marine an den Chef der zunächst vorgesetzten Kommandobehörde (Chef der Kompagnie, Eskadron, Batterie usw.) erfolgen.

Nach § 38 des Reichsmilitärgesetzes vom 2. Mai 1874 (RGBl. S. 45) zählen in Kriegszeiten zu den Unteroffizieren und Gemeinen des aktiven Heeres:

a) die Unteroffiziere und Gemeinen des Friedensstandes (§ 38 zu A des Reichsmilitärgesetzes);
b) die aus dem Beurlaubtenstande (§ 56 des Reichsmilitärgesetzes) zum Dienst einberufenen Unteroffiziere und Gemeinen (§ 38 zu B 1 des Reichsmilitärgesetzes);
c) alle zum Heeresdienst aufgebotenen oder freiwillig eingetretenen Unteroffiziere oder Gemeinen, die nicht unter a) und b) fallen (§ 38 zu B 2 des Reichsmilitärgesetzes).

Die Zugehörigkeit dieser Militärpersonen zum aktiven Heere dauert vom Tage ihrer Einberufung oder ihres freiwilligen Eintritts bis zum Ablaufe des Tages der Entlassung. Die gleichen Grundsätze sind sinngemäß auf die Unteroffiziere und Gemeinen der aktiven Marine anzuwenden.

Ersatzzustellungen an die vorbezeichneten Militärpersonen sind nur zulässig an einem im Geschäftslokale der Kommandobehörde anwesenden, dienstlich bei dieser beschäftigten Angehörigen der Kompagnie, Eskadron, Batterie usw. (§ 31 der Geschäftsanweisung für die Gerichtsvollzieher, § 12 der Allgemeinen Verfügung vom 1. Februar 1910 — JMBl. S. 43 —). Jede andere Art der Ersatzzustellung (Zustellung an Gewerbegehilfen, an Gehilfen oder Schreiber von Rechtsanwälten, Notaren oder Gerichtsvollziehern, an Familienangehörige, Dienstboten, Hauswirt oder Vermieter; Zustellung durch Niederlegung bei einer Behörde) ist unzulässig.

Handelt es sich um Angehörige eines im Auslande befindlichen oder eines mobilen Truppenteils oder der Besatzung eines im Dienst gestellten Kriegsfahrzeuges und ist die Zustellung im Geschäftslokale der Kommandobehörde nicht ausführbar, so hat der Vorsitzende des Prozeßgerichts die Zustellung nach §§ 201, 202 ZPO. zu veranlassen. Das gleiche gilt, wenn an eine nicht zu den Unteroffizieren oder Gemeinen gehörende Militärperson weder persönlich noch ersatzweise zugestellt werden kann.

[1]) Die Eigenschaft einer Mußvorschrift stellt Frese DJZ. 14 S. 1298 in Abrede.

II.

Steht nicht mit Sicherheit fest, daß ein Zustellungsempfänger dem aktiven Heere oder der aktiven Marine als Unteroffizier oder Gemeiner angehört, oder handelt es sich um die Zustellung an eine andere Militär- oder Marineperson, als an einen der vorbezeichneten Unteroffiziere oder Gemeinen, so hat der Zustellungsbeamte, wenn die Zustellung an den Empfänger nicht in Person bewirkt werden kann, weil dieser sich bei den Fahnen befindet oder befinden soll oder aus Anlaß des Krieges abwesend ist, in der Urkunde über die Ersatzzustellung hinter dem Namen des Zustellungsempfängers (Firmeninhabers, Vorstehers, gesetzlichen Vertreters, vertretungsberechtigten Mitinhabers) einen Vermerk etwa folgenden Inhalts hinzuzufügen:

„der zu den Fahnen einberufen sein soll"
„der aus Anlaß des Krieges abwesend sein soll",

oder

„— er soll zu den Fahnen einberufen sein —“

„— er soll aus Anlaß des Krieges abwesend sein —“.

Ist ein Zustellungsempfänger (Firmeninhaber usw.) der nicht in Abs. I bezeichneten Art aus Anlaß des Krieges abwesend, so ist ebenfalls ein entsprechender Vermerk in die Zustellungsurkunde aufzunehmen.

III.

Die bei der Ausführung der Zustellung beteiligten Beamten (Gerichtsschreiber, Sekretäre, Gerichtsvollzieher, Gerichtsdiener) sind von Vorstehendem sofort in Kenntnis zu setzen. Den Gerichtsvollziehern sind außerdem die Vorschriften des § 752 ZPO. und des § 54 Abs. 2 der Geschäftsanweisung für die Gerichtsvollzieher in Erinnerung zu bringen.

Berlin, den 2. September 1914.

Der Justizminister. Dr. Beseler.

Allgemeine Verfügung vom 26. September 1914, betreffend das Gerichtsvollzieherwesen. (JMBl. S. 717.)[1])

Zur Herbeiführung eines einheitlichen Verfahrens bei der Vollstreckung von Räumungsurteilen, die auf Grund eines von einem Kriegsteilnehmer und seiner Ehefrau gemeinschaftlich geschlossenen Mietvertrags erlassen sind oder werden, bestimme ich, daß die Gerichtsvollzieher die Vollstreckung eines solchen Urteils — unbeschadet der auf Erinnerung des Gläubigers ergehenden Entscheidung des Vollstreckungsgerichts — abzulehnen haben, falls sich das Urteil gegen die Ehefrau allein richtet.

Berlin, den 26. September 1914.

Der Justizminster. Dr. Beseler.

[1]) Vgl. hierzu die zum Teil ablehnenden Ansichten von Schiffer DJZ. 14 S. 1238 u. Hachenburg ebenda S. 1270.

Allgemeine Verfügung vom 22. Oktober 1914 zur Ausführung der Bekanntmachung des Bundesrats, betreffend die Überwachung ausländischer Unternehmungen.

Vom 22. Oktober 1914 (RGBl. S. 447), (JMBl. S. 772).

Die in der Bekanntmachung des Bundesrats, betreffend die Überwachung ausländischer Unternehmungen, vom 22. Oktober 1914 (RGBl. S. 447) vorgeschriebenen Eintragungen in das Handelsregister oder das Genossenschaftsregister erfolgen

1. für das Handelsregister in Abteilung A in der Spalte 5 oder 6, in Abteilung B in den Spalten 5 und 7,
2. für das Genossenschaftsregister in den Spalten 5 und 6.

Ist das Amtsgericht, das den Vertreter bestellt hat, nicht zugleich das Registergericht, so hat es das Registergericht unverzüglich von den einzutragenden Tatsachen von Amts wegen zu benachrichtigen.

Berlin, den 22. Oktober 1914.

Der Justizminister. In Vertretung: Mügel.

Allgemeine Verfügung vom 3. November 1914, betreffend die Bestellung von Zwangsverwaltern. (JMBl. S. 799.)

In der gegenwärtigen Zeit hat wegen der rechtlichen und wirtschaftlichen Hindernisse, die der Zwangsversteigerung eines Grundstücks in vielen Fällen entgegenstehen, die Zwangsverwaltung erhöhte Bedeutung gewonnen. Infolgedessen ist es besonders wichtig, auf eine zweckmäßige Gestaltung des Zwangsverwaltungsverfahrens Bedacht zu nehmen. Insbesondere ist es für alle Beteiligten von großem Werte, daß die Zwangsverwaltungskosten nach Möglichkeit herabgemindert werden. Zur Erreichung dieses Zieles wollen auch die Hypothekenbanken beitragen, indem sie bei den auf ihren Antrag eingeleiteten

Zwangsverwaltungen einen ihrer unter der Aufsicht der Bank bleibenden Beamten als Zwangsverwalter unter Verzicht auf die Gewährung einer Vergütung zur Verfügung stellen.

Den Amtsgerichten wird empfohlen, bei der Auswahl von Zwangsverwaltern auch vorstehende Gesichtspunkte in Erwägung zu ziehen.

Berlin, den 3. November 1914.

Der Justizminister. Dr. Beseler.

Sachregister.

(Die Zahlen bedeuten die Seiten.)

A.

Abgaben 26, 31, 34, 40, 45.
Abgesonderte, Befriedigung 98.
Ablehnung von Zahlungsfristen 76, 83.
— der Beseitigung von Rechtsfolgen 87, 90.
Ablieferung, Geld, 32, 35.
Abschlagsverteilungen im Konkursverfahren 133.
Abwendung des Konkurses durch Geschäftsaufsicht 44, 94 ff., 129 ff.
Abwesenheitspfleger 38, 103.
Agenten, englische 122.
Aktiengesellschaften, Unterbrechung des Verfahrens 15.
— Eröffnung des Konkursverfahrens 45, 100.
Aktives Heer, Marine 17.
Amtswegen, Prüfung von — bei der Unterbrechung des Verfahrens 14, 23; bei den Beschränkungen der Zwangsvollstreckung 33, 38; beim Zahlungsverbot gegen England 118.
Amtsgericht, Ladung vor das, zwecks Erlangung von Zahlungsfristen 80 ff.
Anerkennung von Geldforderungen 80 f., 88.
Anerkenntnisurteil 80 f., 88; Gerichtsgebühren bei — 84.
Anfechtungsrecht 42.
Angehörige der mobilen Truppenteile 16 ff.
— ausländischer Staaten, Erleichterungen auf dem Gebiete des Patentrechts usw. 104, 105.
Angestellte ausländischer Unternehmungen 109 f., 111 f.
Anhängigkeit 12, 13, 74, 84.
Anmeldung, nicht rechtzeitige 47.
Anspruch, Entstehungszeit, Fälligkeit 70, 78.
Ansprüche, vermögensrechtliche 13, 78, 117, 118.
— aller Art 13; von Personen im Ausland 70, 71.
Anspruchsverjährung 50 f., 59, 67.
Anteilsrechte, an einer Gesellschaft 36.
Anwalt 29.
Arbeiterbataillone 20.
Armierung 12, 19.
Arrest 14.
— Personalarrest 28 f.
— bei Geschäftsaufsicht 40, 44, 96, 131.
Ärzte 17.
Aufbewahrung, unverhältnismäßig teure, von Sachen 32, 35.

Aufgebotsverfahren, Eröffnung und Fortsetzung 46 f.
Aufnahme des Verfahrens 14, 30 f.
Aufsichtsperson beim Geschäftsaufsichtsverfahren 44, 96 f., 133.
— bei Überwachung ausländischer Unternehmungen 105, 108.
Aufsichtsrat, Verpflichtung zum Antrag auf Konkurseröffnung 45.
Ausdehnung des Prozeßschutzes auf Kriegsbeteiligte Österreich-Ungarns 56 f.
Ausland, Aufenthalt 12, 22.
— Fristen des Wechsel- und Scheckrechts 66 ff.
— Wohnsitz und Geltendmachung von Ansprüchen 70 ff.
Ausländische Unternehmungen, Überwachung 105 ff.
Auslandswechsel, Fälligkeit 66, 69.
— Verzinsung 68 f.
Ausnahme vom Zahlungsverbot 117, 123 f.
Ausschlußfristen 46 f., 50 f.
Ausschlußurteil 46, 48.
Aussetzung des Verfahrens 23, 28 f.
— des Konkursverfahrens 41 ff.
Aussonderungsanspruch 98.
Außerkraftsetzung HGB. 45, 100.
Ausstand s. Zahlungsfristen.

B.

Bankgesetz § 13 Nr. 2 u. § 17, 68, 69.
Beendigung des Kriegszustandes 30 f., 41, 50, 55.
Beendigung des Verhältnisses aus § 2, 21 ff., 30, 50.
— der Versteigerung 47.
Befriedigung, abgesonderte 98.
Bekleidungsamt 19.
Berechnung der verlängerten Protestfristen 61.
Beruf 12, 20.
Besatzung 12, 19.
Beschränkung der Zwangsvollstreckung 31 ff.
Beschwerde 36, 39, 49, 83.
Beschwerdeverfahren 14.
Besondere Gerichte 12, 13, 54 f., 71, 74, 84.
Bestellung eines Vertreters 52, 54; bei G. m. b. H. 102; bei ausländischen Unternehmungen 111.
Bewegliche Sachen, Versteigerungsverbot 35.
— Mindestgebot 90 f.
Beweislast 79, 120.
Beweissicherungsverfahren 14.
Bewilligung, gerichtliche, von Zahlungsfristen 26, 39, 73 ff.
Bezirkskommando 19.
Börsenpreis, Wertpapiere, Mindestgebot 90 f.
Britische Kolonien, Zahlungsverbot 114 ff.
Bundesrat, wirtschaftliche Maßnahmen des — 10, 58 ff.
Bürge 25.

D.

Danzig, Wechsel und Schecks 64, 66.
Demobilmachung 11, 55.
dolus eventualis 110, 123.

dolus directus 123.
Domizilwechsel, in Danzig zahlbar 64, 66.

E.

Ehefrau, Zwangsvollstreckung in das Vermögen der — 24, 32, 37 f.
Eheverfahren 14.
Eigentumserwerb, Wirkung des Versteigerungsverbots auf — 38 f.
Eigentumsrechte ausländischer Unternehmungen 105, 107, 108.
Eingebrachtes Gut 37.
Einlassungsfrist 14.
Einlösungsfrist, Aufhebung 113.
Einstellung bei Zahlungsfristen 40, 82 f.
Einstweilige Verfügung 14, 29.
Einwendung gegen die Zulässigkeit der Vollstreckungsklausel 27, 89.
Elsaß-Lothringen, Wechsel und Schecks 63 ff.
Elterliche Gewalt 29, 32, 37.
England, Zahlungsverbot 114 ff.
Entstehungszeit von Geldforderungen 78.
Erleichterungen auf dem Gebiete des Patentrechts usw. 103 f., 105.
Ermächtigung des Bundesrats zu wirtschaftlichen Maßnahmen 58, 60.
Ermäßigung der Gerichtsgebühren 58.
Entscheidungen des Gerichts, unanfechtbar im Aufsichtsverfahren 99.
Eröffnung des Konkursverfahrens 41 f.
— Verpflichtung zum Antrag auf — bei Gesellschaften 45, 100.
Erschwerung der Rechtsverfolgung § 773 BGB., 25.
Ersatztruppen 18.
Ersatzzustellungen an Militärpersonen 135 f.
Erwerber von Auslandansprüchen 72, 117, 119, 124 f.
Erwirkung der Herausgabe von Sachen, von Handlungen und Unterlassungen 34.

F.

Fälligkeit von Geldforderungen 40, 78.
— von Auslandswechseln 66, 69.
— beim Zahlungsverbot gegen England 117 ff.
— gegen Frankreich 124 f.
— des Kapitals 27, 85.
Feind, gegen ihn verwendete Teile 12, 19.
Festung, Besatzung 12, 19.
— österreichisch-ungarische 56.
Firmenrecht 107.
Folgen der nicht rechtzeitigen Zahlung 79, 84 ff.
— aus der Nichterfüllung (Zahlungsverbot) 117, 119.
Fortsetzung des Verfahrens 30 f.
— des Konkursverfahrens 41 f.
— einer Zwangsversteigerung oder Zwangsverwaltung 36 f.
Frankreich, Zahlungsverbot 124 f.
Französische Kolonien, Zahlungsverbot 124 f.

Frauen 20, 22, 23, 34.
Freiwillige Krankenpflege 20.
Freiwilligen Automobil-Korps 21.
Fristen des Wechsel- und Scheckrechts 51, 58 ff.
— gegenüber Patentamt 103 f.
— Verjährungsfristen 50, 51, Ausschlußfristen 50, 51.
— Zahlungsfristen 26, 39, 73 ff.
— für Aufnahme des Verfahrens 30 f.
— für Nachholung versäumter Handlungen 46 f.
Fristverlängerung im Falle höherer Gewalt 58, 62.
— für wechsel- und scheckrechtliche Handlungen 58 ff.
Fuhrparkknechte 20.

G.

Gebrauchsmusterrecht 103 f., 107.
Gebühren 81.
— Herabsetzung 84.
— Stundung beim Patentamt 103 f.
Gebührenfreiheit
— Vertreter bei G. m. b. H. 103.
— bei Geschäftsaufsicht zur Abwendung des Konkurses 99.
— bei ausländischen Unternehmungen 112.
Gebührenpflicht 81.
Gegenmoratorium 70.
Gegenstände, Versteigerung von —n, welche der Zwangsvollstreckung in das unbewegliche Vermögen unterliegen 32, 36.
Gehaltsforderung 101 f.
Gehilfe, Konkurrenzklausel 101 f.
Geisel 12, 23.
Geld, Ablieferung 32, 35.
— Abführung und Überweisung ins Ausland 109.
— nach England 114 ff.
Geldbeträge, Einziehung von —n, dem Staate gebührenden 127.
Geldforderungen, Zwangsvollstreckung wegen — 31, 34, 40.
— Stundung von — 40, 77 ff.
— Folgen der Nichtzahlung von 84 ff.
Geltendmachung von Auslandansprüchen 70 ff.
Gemeinschuldner 41 f.
Gendarm 17.
Genossenschaft, Eröffnung des Konkursverfahrens bei —en 45, 100.
St. Georgsritterorden 20.
Gerichte, inländische 70 f.
Gerichtliche Bewilligung von Zahlungsfristen 73 ff.
Gerichtsgebühren 81, 84, 127; bei G. m. b. H. 103; bei Geschäftsaufsicht 99; bei Überwachung 112.
Gerichtsvollzieher
— Prüfung von Amtswegen 33, 38.
— bei Vollstreckung von Räumungsurteilen 137.
— Beobachtung des Mindestgebots 90 ff.
Gesamtgut 38.
Geschäftsaufsicht, zur Abwendung des Konkurses 94 ff.
Geschäftsführer G. m. b. H. 45, 100.

Geschäftsführung, unter Geschäftsaufsicht zur Abwendung des Konkurses 96.
— unter Aufsicht bei ausländischen Unternehmungen 108 f.
Gesellschaft m. b. H., Ladung zur Gesellschafterversammlung 102; Eröffnung des Konkursverfahrens bei — 45, 100.
Gesellschaften zum Kriegssanitätsdienst zugelassen 20.
Gesellschafter, vertretungsberechtigte 15 f., 112.
Gesellschaftsanteile 36.
Gesetzlicher Vertreter 29, 47, 52 f.
Gewalt, elterliche 32, 37.
— höhere, Fristverlängerung bei Behinderung durch — 58, 59, 62.
Gewerbegericht 12, 13, 71, 74.
Glaubhaftmachung 31, 74, 79, 83.
Gläubiger, Befriedigung bei Geschäftsaufsicht 98.
Gläubigerausschuß, Ergänzung durch Neu- oder Zuwahl 134.
Goldbarren 116.
Goldklausel 113.
Gold- und Silbersachen 92.
Grenzgebieten, Protestfrist für Wechsel und Schecks in — 63 ff.
Großbritannien, Zahlungsverbot 114 ff.
Grund, wichtiger, für die Aufhebung des Aufsichtsverfahrens 99.
Grundschuld 34, 47, 50.
Guter Glaube, Eigentumerwerb an Pfandsachen von Kriegspersonen 38 f.
Güterrecht, eheliches 37 f., 47, 50.

H.

Handelsgesellschaft, offene 15.
Handelsgesetzbuch, zeitweilige Außerkraftsetzung einzelner Vorschriften 45, 100.
— vorzeitiges Inkrafttreten der Änderung der §§ 74, 75—101.
Handlungen und Unterlassungen, Erwirkung von — 34.
Handlungen, deren es zur Ausübung oder Erhaltung des Wechselrechts bedarf 58 ff.
Hauptforderung, Zahlungsfrist 77.
Hauptschuldner 25.
Hausverwaltung, Überwachung 106.
Heer, aktives 17.
Herabsetzung der Gerichtsgebühren 84.
Hemmung der Verjährung 50 ff.
Herausgabe von Sachen, Erwirkung der — 34.
— des erlangten Vorteils 46, 48.
Höhere Gewalt 58, 59, 62.
Honoraten, Benachrichtigung des — 58.
Hypothekenforderung 26, 27, 34, 36, 50, 85.

J.

Jahresgebühr 104.
Immobile Teile 18.
Immobilien, Zwangsvollstreckung von — 32, 36, 128.
Inland, Wohnsitz des Erwerbers im — 117, 119, 125.
— Niederlassung im — 72, 121.

Inländische Gerichte 70 f.
Interessen, deutsche, bei der Geschäftsführung ausländischer Unternehmungen 105, 107.
— des Schuldners und Gläubigers bei Zahlungsfristen 76.
Intervention bei Zwangsvollstreckung 38.
Johanniter-Ritterorden 20.
Irland, Zahlungsverbot 114 ff.
Juristische Person, keine Unterbrechung des Verfahrens 15.
— im Ausland 70 ff., 117.
Juwelen 116.

K.

Kaiserliches Freiwilligen Automobil-Korps 21.
Kapital, Fälligkeit 85.
Kapitulanten 17.
Kaufmannsgericht 12, 13, 71, 74.
Kinder, Zwangsvollstreckung in das Vermögen von — 32, 37 f.
Klageerhebung 13.
Kolonnenführer 20.
Kommanditgesellschaften auf Aktien, Unterbrechung 15, Eröffnung des Konkursverfahrens 45, 100.
Konkurrenzverbot 101.
Konkursgericht 94.
Konkursverfahren, Abwendung 94 ff.
— Eröffnung, Aussetzung, Fortsetzung 41 ff., 46 f.
— Antrag bei Handelsgesellschaften 100.
Konkursgläubiger 41.
Konkursverwalter, Behinderung 134.
— Antrag auf Fortsetzung des Verfahrens 41 ff.
— Stellung des —s bei Aussetzung des Verfahrens 43.
Kostbarkeiten 91.
Kosten, Einziehung von — 127.
— Prozeßkosten 75, 88, Kostenfestsetzungsverfahren 14.
Kostenpflicht 75, 88.
Krankenpflege, freiwillige 20.
Krankenpflegerinnen 20.
Kreuz, rotes 20.
Kriegsbeteiligte Österreich-Ungarns 56.
Kriegsberichterstatter 20.
Kriegsführung des Reichs 12, 22.
— Österreich-Ungarns 56.
Kriegsgefangene 12, 22.
Kriegsminister 19.
Kriegszustand 11, 55.
Kündigung § 75 HGB. 101, — bei Goldklausel 113.
— erforderlich für Eintritt der Rechtsfolge 87.
Kurs s. Börsenpreis.

L.

Ladung zur Gesellschafterversammlung 102.
— des Gläubigers durch den Schuldner 80 f., 88.
Ladungsfrist, Verlängerung 103.
Landeszentralbehörde 105.
Landmacht 12, 16.
— österreichisch-ungarische 56.
Landsturm 18, 56.
Landwehr 18, 56.

Landwehrinspektion 19.
Landwirtschaftliche Betriebe, Überwachung 106.
Leiter ausländischer Unternehmungen 109 f., 111.
Liedlöhner, Forderung der, Berücksichtigung beim Meistgebot 50.
— bei Geschäftsaufsicht 98.
Liquidatoren, Verpflichtung zum Antrag auf Konkurseröffnung 45, 100.

M.

Mahnverfahren 14.
Malteserritterorden 20.
Marine, aktive 17.
Marketender 20.
Marktpreis, Wertpapiere, Mindestgebot 90 f.
Maßnahmen, wirtschaftliche des Bundesrats 58 f.
Meistgebot, Versagung des Zuschlags bei unzureichendem — 47, 49.
Mietzinsen, Nichtzahlung von — 27, 73, 85.
Mietvertrag einer Kriegsperson und Ehefrau 24 f.
Militärbeamte 17.
Militärpersonen 17.
Mindestgebot bei der Versteigerung gepfändeter Sachen 90 ff.
Miteigentum der Kriegsperson, Zwangsvollstreckung in das — 34.
Mobile Teile 12, 16, 18 f.
Mobilmachung 17.
Moratorium 67, 70, 73.

N.

Nachlaßverwalter 24.
Namenrecht 107.
Naturärzte 20.
Natürliche Person 9, 15, 52 f.
Nebenintervenient 24.
Nebenforderung, Zahlungsfrist 77.
Niederlassung 72, 105 f., 121.
Nichtigkeit einer Zahlung (England) 116.
Nicht rechtzeitige Anmeldung von Rechten 47.
Notifikationsfrist 62, 63.

O.

Offene Handelsgesellschaft 15.
Öffentlich-rechtliche Forderungen, Zwangsvollstreckung wegen — 31, 34, 45.
— Stundung von — 26, 40, 79.
Offiziere 17, 18.
— ausländische 20.
Ort, vom Feinde besetzt 58.
Österreichische Armee 17, 56.
— Motorbatterien 19.
Ostpreußen, Wechsel und Schecks 63 ff.

P.

Partei 12, 23 f.
Patentrecht 36, 103 ff.
Personal-Arrest 28 f.
Person, natürliche 9, 15, 52 f., juristische — 15.
—en, die im Ausland ihren Wohnsitz haben 70 ff., 117.
Pfandverkauf, Verbot 32 ff., Mindestgebot 90 ff.

Pfleger bei Interventionsklagen 38.
Präsentationsfrist bei Wechseln in Grenzgebieten 63 ff.
— bei englischen Wechseln 121.
— bei französischen Wechseln 124.
Prinzipal, Kündigung 101.
Protestfrist, verlängerte
— bei Wechseln in Grenzgebieten 63 ff.
— bei englischen Wechseln 121.
— bei französischen Wechseln 124.
Proviantamt 19.
Prozeßbevollmächtigte 25, 28 f.
Prozeßkosten bei Zahlungsfristen 75, 81.
— bei Beseitigung von Rechtsfolgen 88.
Prozeßunfähige Personen 15, 30, 33, 52 f.
Purgatio morae 79.

R.

Ratenzahlungen bei Zahlungsfristen 77.
Räumungsurteile, gegen Ehefrauen und Kriegspersonen 24 f., Vollstreckung 137.
Reallasten 36.
Rechtsmittel gegen Urteile, die eine Zahlungsfrist bewilligen oder ablehnen 76.
Recht, Anmeldung eines —es 46 f.
Rechtsnachfolger von Auslandsansprüchen 72, 117, 119, 124 f.
Rechtsweg, Fristen für Beschreitung des — 52 f.
Rechtsstreit, Erledigung durch Vergleich 84.
Rechtsstreitigkeiten, bürgerliche, Unterbrechung 12 f., Bewilligung von Zahlungsfristen 74 ff., Beseitigung der Folgen 84 ff.
Regreßrechte aus Schecks 58 ff.
Reichsbankgesetz 68, 69.
Reisegelder, Ausnahme vom Zahlungsverbot 117.
Rekruten 17.
Rentenschuld 34, 47, 50.
Reserve 18.
Rotes Kreuz 20.
Rückgriffsansprüche wegen Nichtzahlung eines im Ausland zahlbaren Wechsels 121.
Rußland, Zahlungsverbot 126.

S.

Sachen, bewegliche, körperliche 32, 35, 90.
—, verbrauchbare 32, 35.
Säumnis 46, 48.
Schecks, Fristverlängerung 58 ff.
Schiedsgerichte 13, 71, 74.
Schlußverteilung im Konkursverfahren 133.
Schuldner, Recht zur Ladung des Gläubigers 80 f., 88.
Schuldnerverzug, Aufhebung 79, 86, 119.
Schutz der Kriegspersonen 11 ff.
Seemacht, deutsche, 12, 16, österreichisch-ungarische 16, 56.
Seewehr 18.
Sicherheitsarrest 28 f.
Sicherheitsleistung bei Zahlungsfristen 74, 77, 83, bei Beseitigung von Folgen 87, 89.
Sitz des Erwerbers 117, 119, 124

Sitz von juristischen Personen 70, 117.
Sondergerichte § 14 GVG. 13, 54 f., 71, 74.
St. Georgs-Ritter 20.
Staatsangehörige, österreichisch-ungarische 56.
Stempelfreiheit bei hinausgeschobener Fälligkeit von Wechseln 68, 69, 121.
Steuern 26, 31, 34, 40, 45.
Streitgenosse, Unterbrechung des Verfahrens 24.
Stundung 73 ff., — bei Ansprüchen von Engländern 117 ff.
— von Franzosen 124 f.
— von Kosten und dem Staate gebührenden Geldbeträgen 127.
Subhastation 36 ff.

T.

Teilhaber einer offenen Handelsgesellschaft 15 f.
Testamentsvollstrecker 24, 33.
Titel, vollstreckbarer 27, 33, 82, 89.

U.

Überschuldung einer Gesellschaft 100.
Überwachung ausländischer Unternehmungen 105 ff.
Überweisung von Geld und Vermögenswerten ins Ausland 109, 114 f.
Unanfechtbarkeit der gerichtlichen Entscheidungen im Aufsichtsverfahren 99.
Unbewegliche Sachen, Versteigerungsverbot 36 ff., Versteigerungstermin 128.
— Versagung des Zuschlags bei unzureichendem Meistgebot 47, 49.
— Einstellung der Zwangsvollstreckung 40, 82.
Unterbrechung des Verfahrens 12, 14, 23, 28 f.
— Beginn 25.
— Beendigung 30 f.
— Wirkung 25.
Unternehmungen, Überwachung ausländischer — 105 ff.
Unterstützungen an Deutsche, ausgenommen vom Zahlungsverbot gegen England und Frankreich 114, 117.
Unverbindlichkeit gewisser Zahlungsvereinbarungen 113.
Unzulässigkeit der Versteigerung 32 ff.
— des Versäumnisverfahrens 13 f., 23.
Urheberrecht 36, 107.

V.

Verbot der Versteigerung unter dem Mindestgebot 92.
Verbrauchbare Sachen 32, 35.
Vereine zum Kriegssanitätsdienst zugelassen 20.
Verfolgung, nicht rechtzeitige 47.
Verfügung, einstweilige 14, — des Schuldners bei Geschäftsaufsicht 97 f.

Vergeltung, Ausländische Unternehmungen 105, Zahlungsverbot 114, 124.
Vergleich, Erledigung eines Rechtsstreits durch — 84.
Verhältnis § 2 46, 50; Begründung 20 f.; Beendigung 21 f.
Verhinderung durch höhere Gewalt 58, 59, 62.
Verjährung, Anspruchsverjährung, Fristenverjährung 50 f., 59, 67.
Verkaufswert, gewöhnlicher der gepfändeten Sachen 90.
Verlängerung der Fristen des Wechsel- und Scheckrechts 58 f., 60, 62, weitere — der Fristen 63 ff.
Vermögenswerte, Abführung und Überweisung ins Ausland 109, 114.
Verordnung, Kaiserliche 59.
— des Bundesrats 59.
Versäumnisurteil 26, 46.
Versäumnisverfahren, Unzulässigkeit 13 f., 23.
Versicherungsunternehmungen, Überwachung 106.
Versteigerung beweglicher Sachen 32 f.
— nicht unter dem Mindestgebot 90 f.
— unbeweglicher 32, 36 f.
Versteigerungsrichter 33, 38.
Versteigerungstermin, Vertagung und Hinausschiebung 128.
— bei unzureichendem Meistgebot 47, 49.
Verteilungsverfahren, Eröffnung und Fortsetzung des — bei Zwangsvollstreckung 46, 48.
Vertreter einer Kriegsperson 25, 28 f., 47, 52 f.
— bei überwachten Auslandsunternehmungen 111 f.
— für einen Gesellschafter einer G. m. b. H. 102 f.
—, auch Bestellung 52 f.
Vertretungsberechtigte Gesellschafter 15 f.
Verwertung, anderweite — 32, 35, 93.
— der Restmassen des Konkurses 133.
Verzinsung von Auslandswechseln 68, 69, — von gestundeten Ansprüchen 74, 79, von englischen und französischen Ansprüchen 117, 124.
Verzug 79, 86.
Verzuge, bei Gefahr im — 52, 54.
Vollstreckbarer Titel 27, 33, 82, 89.
Vollstreckung von Räumungsurteilen 137.
Vollstreckungsbehörde 40 f.
Vollstreckungsgericht 82.
Vollstreckungsklausel, Einwendung gegen die Zulässigkeit 27, 89.
Vorbehalt 46, 48.
Vorrecht der Forderung im Verteilungsverfahren 47, 48.
Vorstände von Aktiengesellschaften, Verpflichtung zum Antrag auf Konkurseröffnung 45, 100.
Vorübergehende Erleichterungen auf dem Gebiete des Patentrechts usw. 103 ff.

W.

Waren, Ausfuhr oder Überweisung nach England 114, 122.
Warenzeichenrecht 103 f., 107.
Wechsel, Fristen des Wechsel- und Scheckrechts 58 f., 60, 62.
— Auslandwechsel 66 ff.
— Weitere Verlängerung der Fristen des Wechsel- u. Scheckrechts 63 ff.
Wechselstempel 68, 69, 121.
Wertpapiere, Abführung und Überweisung ins Ausland 109, nach England 114, Versteigerung 90 f.
Westpreußen, Wechsel und Schecks 63 ff.
Wertsverringerung, Sachen, die der Gefahr einer beträchtlichen — ausgesetzt sind 32, 35.
Wichtiger Grund für die Aufhebung des Aufsichtsverfahrens 99.
Widerklage, Aufnahme einer — 31.
Wiedereinsetzung gegen Fristversäumung auf dem Gebiete des Patentrechts usw. 104.
Wirkung, der Unterbrechung des Verfahrens 25.
— der Aussetzung des Konkursverfahrens 43.
Wohnsitz des Erwerbers 117, 124.
—, Personen, die im Ausland ihren — haben 70 ff., 117.

Z.

Zahlung, Folgen der nicht rechtzeitigen 84 ff.
Zahlung nach Eintritt der Zahlungsunfähigkeit 100.
— in Gold 113.
Zahlungsaufschub s. Zahlungsfristen.
Zahlungseinstellung 94.
Zahlungsfristen, gerichtliche Bewilligung von — 73 ff.
Zahlungsunfähigkeit, von Handelsgesellschaften 45, 100.
— bei Geschäftsaufsicht 94.
Zahlungsverbot gegen England 114 ff.
— gegen Frankreich 124 f.
— gegen Rußland 126.
Zahlungsvereinbarungen, Unverbindlichkeit gewisser — 113.
Zeuge, Einfluß des Kriegsverhältnisses 24.
Zeugenvernehmung vor Anordnung der Geschäftsaufsicht 95.
Zinsen, Lauf der — 74, 79.
— Fortfall 117, 124.
— bei Auslandwechsel 68, 69.
Zivilbeamte 18.
Zivilprozeß, Unterbrechung 12 ff.
Zulässigkeit der Vollstreckungsklausel, Einwendung gegen die — 27, 89.
Zuschlag, Versagung bei Grundstücken von Kriegspersonen 32, 36 f.
— wegen unzureichenden Meistgebots 47, 49.
— bei beweglichen Sachen 32, 35.
— wegen unzureichenden Mindestgebots 90 f.
Zuschlagsbeschluß 37, 49.

Zustellungen an Militärpersonen 135.
Zwangseintragung 36.
Zwangsversteigerung 36 f.
Zwangsverwalter 24, 138.
Zwangsverwaltung 36.
Zwangsvollstreckung, Beginn 34, 82.
— Beschränkung 31 ff., 53.
— Einstellung 40, 82 f.
Zwangsvollstreckung bei Geschäftsaufsicht 96.
Zweigniederlassung, Überwachung einer — von ausländischen Unternehmungen 105.
— inländische gewerbliche — hinsichtlich der Geltendmachung von Ansprüchen 72.
— englische und französische 121, 124.

Druck von Otto Walter, Berlin S. 14.

FSC
www.fsc.org
MIX
Papier | Fördert gute Waldnutzung
FSC® C083411

Kolibri 360 GmbH
Ferdinand-Jühlke-Straße 7
99095 Erfurt, Deutschland
produktsicherheit@kolibri360.de